若い研究者へ遺すメッセージ

小さな小さなクローディン発見物語

京都大学大学院医学研究科
分子細胞情報学講座・教授　月田承一郎

（補助：古瀬幹夫・月田早智子）

三〇年間の同志としての科学者・妻・早智子と一七年間の友人としての息子・和人に捧げる
そして大学院以来この学問を一緒に作った科学者・古瀬幹夫博士に捧げる

月田承一郎（1953 － 2005）

〈プロフィール〉

ふりがな	つきた　しょういちろう
氏名	月田　承一郎
生年月日	昭和28年7月7日
学位	医学博士
専門分野	細胞生物学

学　歴

昭和53年3月	東京大学医学部医学科　卒業
昭和53年4月	東京大学大学院医学系研究科第一基礎医学専攻博士課程入学
昭和57年3月	東京大学大学院医学系研究科　修了　医学博士取得

職　歴

昭和57年4月	東京大学医学部　解剖学第3講座　講師
昭和61年7月	東京都臨床医学総合研究所　超微形態研究部門　室長
平成 2 年1月	岡崎国立共同研究機構生理学研究所　液性情報部門　教授
平成 5 年5月	京都大学医学部　医化学第2講座　教授（併任）
平成 7 年4月	京都大学大学院医学研究科　分子細胞情報学講座　教授
平成 8 年10月	科学技術振興事業団　創造科学技術推進事業　プロジェクトリーダー（兼任） （平成１３年９月まで）
平成14年4月	岡崎国立共同研究機構生理学研究所　能動輸送部門　客員教授

受賞歴

昭和61年	瀬藤賞（日本電子顕微鏡学会）「細胞間接着装置に関する研究」
平成 7 年	高松宮妃癌研究基金学術賞 「カドヘリン・カテニン細胞接着系とそのがん細胞における異常の研究」
平成10年	井上学術賞「細胞間をシールする分子機構に関する研究」
平成13年	マイエンブルグ賞（がん研究に対して与えられるドイツの賞）
平成14年	上原賞「細胞間接着装置の分子構築に関する研究」
平成16年	日産科学賞「バリアーの分子生物学的研究・クローディン遺伝子群の解析」
平成16年	日本学士院賞「上皮細胞間バリアーの分子基盤の解明」

平成17年 12月 11日 永眠（52歳）

目次

※羊土社ホームページから付録動画をご視聴いただけます。視聴方法は、次ページをご参照ください。

動画視聴のご案内

羊土社ホームページから,
付録動画「月田承一郎　特別講演より“Barriology”」をご覧いただけます.
アクセス方法は以下をご参照ください.

利用手順

1 右の QR コードを読み取り羊土社ホームページ内
[書籍・雑誌付録特典] ページにアクセスしてください

（下記URLを入力, または「羊土社」で検索して
羊土社ホームページのトップページからもアクセスいただけます
https://www.yodosha.co.jp/ ）

2
・羊土社会員の方 ➡ ログインしてください
・羊土社会員でない方 ➡ [新規登録] ページよりお手続きのうえ
ログインしてください

3 コード入力欄 に下記コードをご入力ください

コード: **btz** - **iyqn** - **otni**

※すべて半角アルファベット小文字

4 本書特典ページへのリンクが表示されます

※羊土社会員の登録が必要です. 2回目以降のご利用の際はログインすればコード入力は不要です
※羊土社会員の詳細につきましては, 羊土社ホームページをご覧ください
※付録特典サービスは, 予告なく休止または中止することがございます. 本サービスの提供情報は
羊土社ホームページをご参照ください

若い研究者へ遺すメッセージ

小さな小さなクローディン発見物語

一、僕の生い立ち

まず、自己紹介します。僕の名は月田承一郎。生まれは神戸市東灘区、あの灘高等学校の南数メートルのマンションの一階に住んでました。家にいると校庭用の構内放送で呼び出されていました。神戸女子薬科大学で教授をして有機分析を教えていた父と、その大学で助手をしている時に知り合って結婚した母と、三歳上の姉と、そして、僕、当時の高度成長時代の日本からは取り残された慎ましやかな家庭でした。僕は灘校のもっとも地元の小学校である魚崎小学校から灘中に合格し、毎日、数メートルの道を通って通学していました。自分で言うのも変ですが、成績は抜群によく、六年間級長さんをしていたことを憶えています。でも、時代遅れな変人な面もあり、途中で一応学園紛争などがおこって、丸坊主や制服（馬糞帽といって灘のシンボルの帽子もあったのですが）が自由化されても、最後まで、丸坊主・馬糞帽で通していました。

僕は、真面目な真面目な父を尊敬してました。父は僕が生まれた直後四年間アメリカのカリフォルニア工科大学に留学していたので、どうしても、父にべったり甘えるということができない自分を感じていました。父は帰国後、神戸女子薬科大学に助教授の職を得て帰ってきたようでした。僕は、そんな父がでっかいコルベン（フラスコのお化けのようなもの）を担いでは実験をしている姿を横目にみながら、幼少時代を女子大の寮で育ちました（写真1）。当然、そのころの日本の研究環境など理解できるわけがなかったのですが、今思えば、物はない、金はない、人はいない、の悲惨な状況の中での研究だったと思います。それでも僕の目には父は楽しそうに研究しているように見えました。

さて、灘校での教育は、今から思っても、なかなか優れたものでした。僕がいたころの灘校は、あれだけ東大に入学者を出しながら、先生で東大卒の人は一人もいませんでした（今ではそんなことはありませんが）。先生達に意地があったんです。学生の方も塾へ行っている人など殆どいませんでした。自由な校風でした。この灘校での教育が僕の将来、そうです、「小さな小さなクローディン発見物語」に直接繋がっていたのです。

二、視力

研究の世界では、セレンディピティという言葉がよく使われます。偶然に出会った幸運を見逃さない能力、とでもいうのでしょうか。普段研究をしているうちに目的外のことに偶然気づき、それが大きな発見に結びつくというような時（研究上の大きな発見はほとんどそのようにして生まれるのですが）に使われます。ところが、ともすると、この言葉は「犬も歩けば棒にあたる」と同義語のように使われる時があります。

写真１　神戸女子薬科大学の女子大生に抱っこされてご機嫌の著者

これは間違っています。確かに歩き回っていると大きな宝にぶつかることはきわめて稀にはあるかもしれません。でも、滅多にはありません。さらには、ぶつかっても気づかない人もいます。多いのは、大きな宝のそば（いろいろな距離があると思いますが）をたまたま通りかかるというケースでしょう。その時、大部分の人は、気づかずに通り過ぎてしまいます。本当の意味でセレンディピティを持ち合わせている人は、皆が気づかない宝がすぐそばに落ちているのに気づくのです。

それでは、研究者にはどのような能力が要求されるのでしょう？　もちろん、歩き回らなければ宝の近くを偶然通りかかることもないので、動き回ること（すなわち実験科学では手を動かして実験すること）は必須条件です。でも、どうして大部分の人は気づかないのに、ある特定の人だけ気づくのでしょう。ある人だけに「見える」、僕は、これはその人の「視力」の差だといつも言います。科学における「視力」とは何でしょう？　勿論、眼球そのものが優れていて細かいところまで網膜に像が映せる、というのも視力の大切な一面です。研究上の視力でいうと、単純にいうところの「頭のよさ」（偏差値的？）かもしれません。でも、これは、親から遺伝的に譲り受けたもの、努力しても変わりません。「見える」というのは不思議なもので、網膜に像が映っていても「見えていない」ことは良くあるのです。例えば、毎日通っている道の家並みは、毎日見ているのに、ある時、その中の一つの家が壊されると、ここにもともとどんな家があったのか、思い出せないという経験は誰にでもあります。「見ていた」のに「見えていなかった」のです。「見える」というのはそんなものです。見たものがどう意識されるか、ということが大切なのです。この部分の科学の「視力」は、鍛えることができます。一生懸命勉強すれば良いのです。ただ、情報を羅列的に頭に入れるだけでは「視力」は高まりません。自分なりの知識体系を頭の中に作るのです。また、知識が幅広いことも大切です。どんな種類の宝がたまたま落ちているか分からないのですから。

ですから、中学、高校時代の勉強は大変大切なのです。これは科学の世界に限ったことでもないでしょう。『何でこんなこと勉強しなくちゃあいけないの』とよく思うこともあるでしょうが、「将来宝物を見逃さないために全方向の視力を高めるためだ」というのが解答でしょう。僕は、灘にいた六年間でよく勉強しました。「視力」なんて考えてはいなかったのですが。河合現校長先生には、六年間、英語をゼロから教わりました。赴任したての河合先生は少々キザ（?）にも見えましたが、毎日のようにＬＬ教室に僕たちを連れ込み、ガリ版刷りの歌詞カードを渡して、フランクシナトラの歌を沢山聞かせてくださいました。正直、こんなことで、受験は大丈夫なんだろうか、という不安を感じたこともありました。でも、海外で活躍できるようになってみると、僕は例外的に留学経験というものがないのですが、『どこで英語を勉強した?』『何年アメリカにいた？』とよく聞かれます。『日本の灘という私立学校で勉強しただけだ』と答えます。

長光先生には、数学のイロハから習いました。先生は、いつも、「必要十分条件、必要十分条件」と念仏のように教えてくださいました。今は、サインコサインや、微分積分はほとんど使わない世界で生きていますが、この「必要十分条件」はサイエンスをやる上での基本です。数学は「論理学」だとつくづく感じますし、その視力の大部分は長光先生につけていただきました。大須賀先生の生物学の授業も今から思えば本当に変わっていました。系統発生学を単細胞生物からはじめて、それぞれの種（しゅ）の生活史等の特徴を延々と説明されるのです。試験はいつも最初からで、中学の終わり頃でしょうか、全生物が試験の対象となったことがあります。僕は意地でも満点をとろうと頑張ったのですが、アオムシがあの蝶の幼虫のアオムシだと気づかずに、変な分類にしてしまい、九九点だったことを今でも憶えています。でも、今、生物学のプロになってみて、この講義は世界に誇れる教育であったと感謝の気持ちで一杯です。

僕たちは今、生物というものを統一的に理解しようとするサイエンスのまっただ中にいますが、生物というものの最大の特徴は「多様性」です。多様性を知らずして、統一性も何もありません。でも、この気の遠くなるような「多様性」を、中学の三年間をかけてじっくりと教えてくださったことは、今の僕の大きな宝物となっています。

写真 2　灘中時代
生物部の採集旅行出発前。生物の「多様性」を叩き込まれた

そう考えたら、灘の六年間の教育はとてもユニークですばらしかった（写真2）。少なくとも、僕の視力は、卒業の時点で、ほんの傍に落ちている宝物くらいなら見つけだせるくらいにまでは、高められていたように思います。

三、大学受験と大学生活

さて、中学高校時代の僕は、よく勉強したことや、父からの影響で、学問的にはきわめて早熟でした。中学二年生の中間試験の直前にワトソンとクリックの「二重らせん」という本を手に入れて一晩で読んでしまったりしていました。なにせ、僕の生まれた年、一九五三年が、ワトソンとクリックがDNAの二重螺旋モデルを提出した年なので、僕は生まれつき分子生物学に因縁があったのかもしれません。その後も、オチョアやニーレンバーグのコドンとアミノ酸の関係の決定競争などに異常な興奮を憶えた高校生でした。もうですから、大学では、絶対に分子生物学をやろう、この「生き物」というものを分子のレベルで理解してやろう、と高い（？）理想に燃えていました。そこで、神戸に住んでることですし、大学受験が近づいてきた時、理由を述べた上で父に『大阪大学か京都大学の理学部に進みたい』と言いました。すると意外なことに父は『理学部はやめとけ』『医学部へ進んでそのような研究をしろ』とかなり強い口調で説得を始めました。理学部は研究資金がない、医学部の方が潤沢だ、理学部は競争が激しいが、医学部の基礎研究は人が少ないので大切にしてくれる、ただ医学部の生化学が扱っている物質なんてきわめて純度の低い物だけどな、とまくしたてていました。こう書くと、当時の理学部にも医学部にも失礼極まりないのですが、ちょっとは当たっている点も認めてお許しください（それから、これは、あくまでも、当時の状況に対する父の判断で、今は大きく様変わりしています）。

そうなのか、医学部でも僕のやりたい研究ができるんだ、じゃあ、医学部にするか、といった、僕は、とっても素直な訳の分かっていない学生だったんです。じゃあ、医学部だ。でもぼくは灘校にいる。特に当時は、灘校では東大でなければ肩身が狭い、という雰囲気にみちみちていました。ということで、受験するのは東大の理科三類（医学部）ということに自動的に決まってしまいました。父も灘校の先生もいたく満足そうでした。父は自分が研究をして苦労していたので、何とか医学部に入れておけば、そのうち気が変わって医者にでもなって一生暮らしてくれるのではないかという親心もあったようにも思いますが、それは、僕の分子生物学への憧れをすこし舐めた見方だったようにも思います。

じゃあ、東大の理科三類だ、とはいうものの、今でいうところの偏差値としてはきわめて高く、本当に入れるのだろうかという不安で一杯でした。実際、数学は歴史に残るほど難しく、物理は最初から単位を間違ってガタガタ、得意だった化学はやさしすぎて誰でもできる、といった具合で、本当に浪人を覚悟しました。でも、幸運なことに、合格しました。昭和四七年春のことでした。僕は大学に入って東京で一人で下宿生活をはじめても、猛勉強を続けました。分子生物学を極めるには、底辺の広い勉強が必要だと思ったからでした。まだ「視力」なんて意識はしてなかったのですが―。例えば、医学部の教養課程にいながら、分子軌道論や有機反応論、熱力学、統計学等々、すごく幅広く勉強しました。もうひとつ、勉強する（不純な）動機も生まれました。今の、家内（月田早智子）に出会ったのです（写真3）。彼女は理科二類の学生で、教養課程では同じクラスでした。理科二類は、二年後にどの学部に振り分けられるかが成績で決まりますから、六〇点とって合格さえしていれば医学部へ進める理科三類とはわけがちがいました。だから、デートは、まず、講義室で横に並ぶこと、そして、試験前は一緒に図書館に籠って試験勉強、という感じでした。家内は、薬学部へ進学しましたが、僕は、勉強しすぎて、平均点九〇点近い希少価値の理科三類学生となってしまいました。

四、医学部から大学院での生活

この勉強しすぎた大学生が医学部へ進学した時、原核生物の分子生物学が峠を越え、その後の真核生物の分子生物学が始まるまでの谷間にありました。これには参りまし

写真 3　家内（月田早智子）と知り合う。これから 30 年来の同志となる

た。急速に分子生物学への情熱が冷めていくのです。医学部の講義の最初は組織学でした。このとき組織学を山田英智教授が担当されていたのが、僕の研究者としての方向性を偶然にも決めたように思います。一時の原核生物の興奮から醒めていた時に聞いた山田先生の組織学の講義は強烈でした。山田先生は、あらゆる組織の電子顕微鏡写真を撮っておられ、その多彩な電顕写真を駆使した講義は、僕の細胞観を完全に変えてしまいました。細胞とは、なんと美しく、なんと複雑なものか。分子生物学の教科書に書いてある細胞とは、なんとかけ離れていることか。この講義だけは、いつも早めに講堂へ行って、最前列の席に座って、夢中になって聞いていたのを、今でも昨日のことのように憶えています。

医学部へ進学した一年目の冬休み、一人で山田先生の教授室を訪ねました。ちょうど、当時助教授だった石川春律先生と話をされていたように思います。山田先生に『僕、分子生物学をやりたいので、その前に電子顕微鏡を勉強しときたいんですけど』と生意気なことを言ったところ、山田先生はいつものようにニコッとされて、『いいですよ。そんなことを言って、そのまま電子顕微鏡にトラップされてしまう人も多いんですがね。ここにおられる石川先生としばらく勉強してみませんか?』と、博多弁で言われました。そのまま、石川先生の部屋についていき、講義のない時間は（夜中も含めて）、解剖学教室で過ごすということになりました（写真4）。

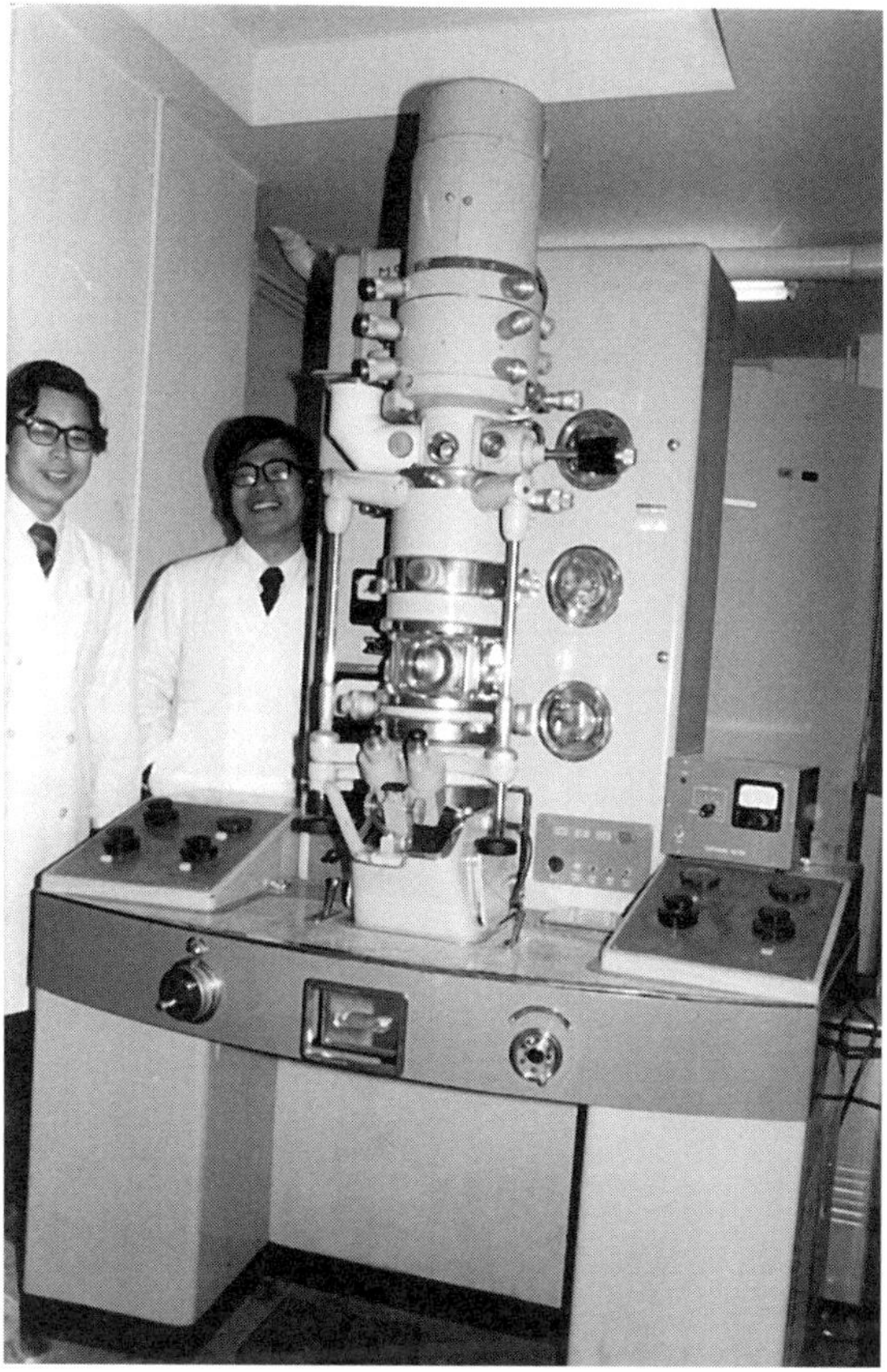

写真４　日本で最も古い電顕の一つを廃棄する時の記念撮影
左後から石川春律先生、その右横が著者

石川先生との出会いも、僕の研究者人生を決めました。石川先生は、九州大学に山田先生がおられたころの大学院生で、アメリカで筋肉以外の細胞にもアクチンフィラメントがあるという、細胞生物学史上に残るすばらしい仕事をされてから、東京大学に帰ってこられたところでした。しかし、当時の東大生は、新しい学問に興味がなかったのか、あまり多くの人が石川先生の周りに集まっていたわけではありませんでした。僕は、きわめて幸運にも、学部の学生時代から大学院の間、この石川先生とほとんどマンツーマンで毎日を過ごすことができました。いや、正確には、このとき結婚したばかりの僕の家内も石川先生の勧めで同じ大学院に入ったので、man-to-man & woman という状況でした。石川先生は従来の形を観察するだけの形態学でなく、形を見て「考える」、次の形態学を目指しておられました。そして、細胞生物学の広い分野にわたって確固たる哲学を持っておられました。僕たちは、誰も石川先生の周りにいないのをいいことに、先生にくっついて回って、本当に多くのことを吸収しました。夜もよく先生の部屋で酒を飲みながら、先生の終電ぎりぎりまで話を聞き、議論をしました。

僕の研究はといえば、体中の組織を電顕で見ている過程でとれた神経軸索の写真を焼き付けて、山田先生に見ていただいた時、『軸索の中の小胞体は、本当はつながっているんじゃないですかねぇ』と言われた一言から始まりました。石川先生が、このテーマをやってみようと言われるので、全くそのオリエンテーションも分からないまま、超高圧電顕を使って「軸索の中の小胞体は本当はつながっている」ということを証明しました。この結果が得られたころ、一流の国際誌に同じ結果が報告され、悔しいのと同時に、自分のやっていることが本当に世界の第一線の問題意識なのだということに驚きました。また、このとき石川先生から『いいんですよ。形を見て、自分で考えてやっている限り、同じ結果が報告されても、どこか違った独自性がでているものですよ。人の論文を読んでから考えてやると、全く同じことになってしまうんですがね』と言われたこともよく憶えています。それから、人の論文は、自分の論文を書くときになって初めて読むようになりました。これが今でも僕が人の論文をあまり読まない原点でもあり、言い訳でもあります。

このような全く独自性のないテーマの選び方ではあったのですが、そのまま、軸索内輸送に興味を持つようになり、神経軸索の局所冷却という幸いにもおもしろい仕事ができ、学位を取得することができました。家内の方は、石川先生と一緒に赤血球膜の裏打ち構造を生化学的手法も駆使して分子レベルで解析し、やはり、無事学位を取得できました。僕は、その後、軸索内輸送に関連して、微小管系の運動の研究に移り、さらに、アクトミオシン運動系の基本である骨格筋の収縮機構の解析へと研究を進展させていきました。その裏には、液体ヘリウムを用いた急速凍結技法の開発に山田先生が意欲を持っておられたことも関係していました。このような方向の仕事の関係で生物物理学会に入り、多くの人と出会うことになりました。日本の生物物理学会は、おもしろくて、その主流は、物理学を学んだ人たちが行っている形態学でした。もちろん、我々の学んだ形態学とは異質のものでしたが、なんといっても形態学なのでおもしろかったのです。特に、大沢文夫先生とその同門の人たちの話はきわめて刺激的でした。本論からはそれますが、研究者としては大学院一年生でも大沢「さん」とは対等であるという徹底した大沢さんの態度には深い感銘を受けました。さらに、非線形非平衡の熱力学とかいう分野の研究者の述べる形態学も興味深く、「カオス」や「バイファーケーション」などといった言葉の飛び交う世界に入って楽しみました。当時、その中で共同研究した故松本元さん（当時通産省電子技術総合研究所）、矢野雅文さん（当時東京大学薬学部）からは、形というものの物理学的考え方に関して、言葉では言い表せないほどの影響を受けました。

そこで、僕の形態学に対する考え方は、大きく変わろうとしていました。「《形》そのものを純粋に学問として扱おうとすると、究極的には物理学の世界になる。これは自分のバックグラウンドからして得意な方向ではない。今後は、形態学を徹底的に利用した学問の方向を目指そう」と。

五、東京都臨床医学総合研究所

その頃（大学院を卒業して四年ぐらいたって講師をしていた頃）、東京都臨床医学総合研究所の山川民夫所長から電話をいただきました。先生曰く『研究所の超微形態研究部門があいたので、来てくれないか。小さなグループが持てるし、嫁さんをスタッフとしてとっても良いぞ』。この年齢（三二歳）でグループが持てることも魅力的だったのですが、当時教室の低レベルのゴタゴタに嫌気がさしていた僕には、最後の文章はもっと魅力的でした。そして、その時、山田先生との最初の会話を思い出しました。「臨床研は、矢原一郎先生も、鈴木紘一先生もおられるし、初心に帰って分子生物学をやるぞ。それも、徹底的に形態学を利用した分子生物学をやるぞ」と。それで、主に家内がこれまで続けてきた細胞膜裏打ち構造に関する分子生物学に重心を移すことを決意し（家内によると乗っ取ったのだそうですが）、細胞接着における裏打ち構造の役割を追求することにしました。それでも、まだ分子生物学に移り切れずにもたもたしている僕達に、当時出会ったばかりの竹市雅俊先生が、『もっと積極的に分子生物学的手法を採り入れなさい』と激励してくださり、さらに、当時カドヘリンのｃＤＮＡをクローニングしたばかりの永渕昭良さん（現熊本大学発生医学研究センター教授）まで送り込んでくださいました。分子生物学的技術を当たり前のように自由に使う永渕さんの加入で、我々の分子生物学は一気に立ち上がりました。とは言っても、もし解剖学教室に残っていたら、こんなにはうまく行かなかったでしょう。当時の臨床研の研究環境はすばらしかったし、厳しかった。すでに establish されていた、矢原一郎先生、鈴木紘一先生や、売り出し中の野本明男先生、宮坂昌之先生、稲垣冬彦先生らと評価委員会で「戦う」のですから、並の神経では持ちませんでした。宮坂先生は戦いの前には偵察に来るし、当時まだ無名のFasと悪戦苦闘していた米原さんは、ひやかしに来るし。それでも今から思えば、日本とは思えないくらいフェアーな厳しい評価体制のもとで、外国への留学以上の体験をすることができましたし、「形態学を徹底的に利用した分子生物学」の基礎を築こうと思いました（写真5）。

さて、それでは何をやるか？　僕一人だと足二本、家内がはいって四本、永渕さんが加わって六本。動くにはよく動ける。あとは「視力」の問題だ。細胞接着における裏打ち構造に関する周辺を歩き回っていて、何が「見えるか」が勝負だ。そのために、これまで勉強して「視力」を高めてきたのではないか。とはいっても、現実的には研究費を集めて、研究室を維持していかなければならない。あまり夢物語ばかり語っていられない。じゃあ、どうするか？

「研究者の視力」に話を絞りましょう、そして、研究者の人生を（よくある例えですが）、山の頂を目指して旅する旅人に例えてみましょう。研究者が初めて自分の責任で

写真５　東京都臨床医学総合研究所で初めて研究室をもった時の仲間
後列中央が著者。左が永渕さん、右が伊藤さん。前列右が家内。その他学生さん

研究を遂行しようとするとき、まず、どの山に登りたいかを決めるでしょう。その時、凡人には（要するにほぼ全ての人には）大きな立派な山の頂しか見えません。その山は既に多くの旅人が登りはじめており、大変賑わっています。自分もその輪に参加しようと旅を始めます。中には、どんどん装備や陣容を充実させ、スピードを増して、先人を追い越し、その賑わっている山の初登頂を果たすケースもあるでしょうが、それでは僕のよく言う「（凡人の）独創性」としてはおもしろくない。「（凡人の）独創性」を発揮した研究者（旅人）というのは、普通、そうではなくて、次のような道筋を辿るケースが多いと思います。すなわち、賑わっている山を目指して旅を始めたけれど、なんだか混んでいるところへ突っ込んでいくことを躊躇する気持ちがあり、常に、新しいまだ誰も登っていないような、それでいてある程度の高さのあるような山を探してキョロキョロしつつ、それでもとりあえず賑わっている目標の山へ向かって進んでいく。ある時、ふと、自分がひとけのない山の近くを通っていることに気づき、立ち止まり、よーく眺めてみる。確かに誰も登っていない。その近くを多くの旅人が通り過ぎているのにもかかわらず、誰一人として振り返らずに通り過ぎていく。見えていないのだろうか？　その旅人にはかなり高い頂がぼんやりとでも見える。そこで意を決して、方向転換してその未踏峰へのアタックを始める。その山が高ければ高いほど、登ってみて他の重要な山と峰づたいに繋がっていればいるほど、その人は「独創性の高い」研究をしたことになるのではないのでしょうか。このような例え話でいけば、「独創性の高い」研究ができるための重要なポイントは、近くを通っている旅人の多くには見えない山が自分には「見える」ことでしょう。もちろん、賑わっている山へ向かう道程の近くにたまたま「その山」が存在していたという「運」も必要ではあるのですが。

そこで、我々も例に漏れず、六本（当時入ってきた伊藤雅彦さんをはじめとする数人の大学院生の足も混ぜればもう少し）の足を使って、この分野でもっとも誰にでもみえる賑わっている山「カドヘリン山」（竹市先生が発見された細胞間接着分子カドヘリンは当時大変な流行になりつつありました）を、旅団を作って目指すことにしました。でも、天才も擁しない貧乏旅団、何か一ひねり二ひねりないと目立つような研究はできないでしょう。そこで考えました、というか形態学的勉強をしてきた僕と家内には「見え」ました。カドヘリンは、あまり言われていませんでしたが、上皮細胞ではアドヘレンスジャンクションと呼ばれる細胞間接着装置に濃縮して機能しているのです（図1）。ということは、このジャンクションを単離してくると、カドヘリンの周辺で重要な役割をしている分子群を一網打尽に捉えることができるのではないのでしょうか。すなわち、①細胞間接着のために特殊に発達した膜ドメインである細胞間接着装置（タイトジャンクション、アドヘレンスジャンクション、デスモソームよりな

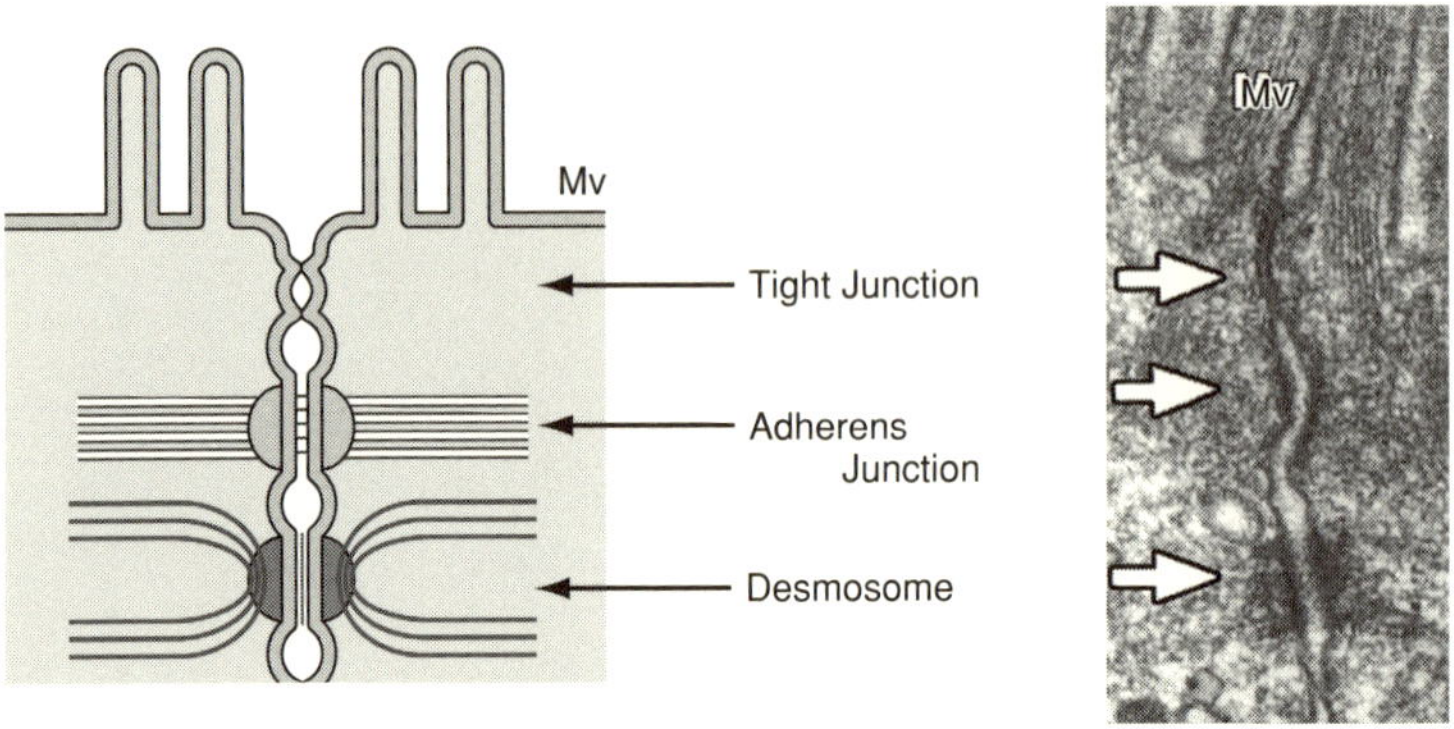

図1　小腸上皮に見られる接着複合体
上側が食べ物が通るアピカル面で、ここでは２つの細胞がコーナーで結合している図を示している。左は模式図、右は実際の電子顕微鏡写真。カドヘリンはこの adherens junction と呼ばれる場所で濃縮して細胞間の結合を司っている

る）の単離法を開発する（以下「単離接着装置」と呼ぶ）。②接着装置には、細胞間接着そのものや、その制御・シグナル伝達に関わっている蛋白質が濃縮している筈である。したがって、単離分画に濃縮する蛋白質を片っ端から同定・精製する。③それぞれのcDNAを単離する。④そのcDNAを用いて、それぞれの蛋白質の細胞間接着における機能を解析する。当時の分子生物学からすれば、このストラテジーはユニークでしたが、少々無理があるようにも思えました。まず、「単離分画に濃縮すれば接着に重要であろう」という「形と機能の対応」を信じる形態学者的アバウトな発想。しかし、これは最終的にcDNAがとれれば検証できるのだから問題ないと考えました。次に、単離分画から精製できるぐらいの少量の蛋白質から、そのcDNAがうまく単離できるかという問題。この点は、分子生物学の技術が急速に簡単になっていくであろうという読み（したがって数年後にはおもしろい蛋白質のセットを持っているものが強いだろうという読み）が当たっていました。最後に、cDNAが取れた時、その産物の機能解析が簡単にできるのかという問題。これも、トランスフェクションの技術や、トランスジェニックマウスやノックアウトマウスの作製の技術が、われわれがcDNAを手にした頃には飛躍的に進歩しているであろうという読みが当たっていたわけで、結果的には問題はありませんでした。

この貧乏旅団の作戦はまんまと当たりました。試行錯誤の結果、特にこれが一番難関だったのですが、家内を中心とした驚異的な頑張りと工夫で、「単離接着装置」をラットの肝臓から得ることに成功しました（図2）。この成功は、あとあとのことを考えるとすべての我々の研究の基本となった決定的なものでした。そして、この分画を用いて家内が中心となって進めたＥＲＭ蛋白質群の解析（「カドヘリン山」から最初にはずれた分団）と、永渕さんが同定したカドヘリン結合蛋白質αカテニンの研究（「カドヘリン山」へそのままつっこんだ分団）は、あっという間に世界に通用してしまいました。このあたりの研究については、他に総説などがあるので参照にしていただきたいのですが、ここでの目的は「小さな小さなクローディン発見物語」なので、内容は割愛させていただきます。

六、岡崎国立共同研究機構生理学研究所へ

臨床研に移って三年たち、ようやく研究が軌道にのり始めた頃、所長室に当時岡崎国立共同研究機構生理学研究所の所長であられた江橋節郎先生が来られ、生理研に誘ってくださいました。かなり迷いましたが生理研に移ることにしました。最終的に臨床研から生理研へ移ることに決めた最も大きな要因は、生理研では正式に大学院生がとれるということでした。臨床研で最も苦しかったのは、あちらこちらから大学院生の籍を借りてくることでした。このことは、先方の大学院にも迷惑をかけましたし、何

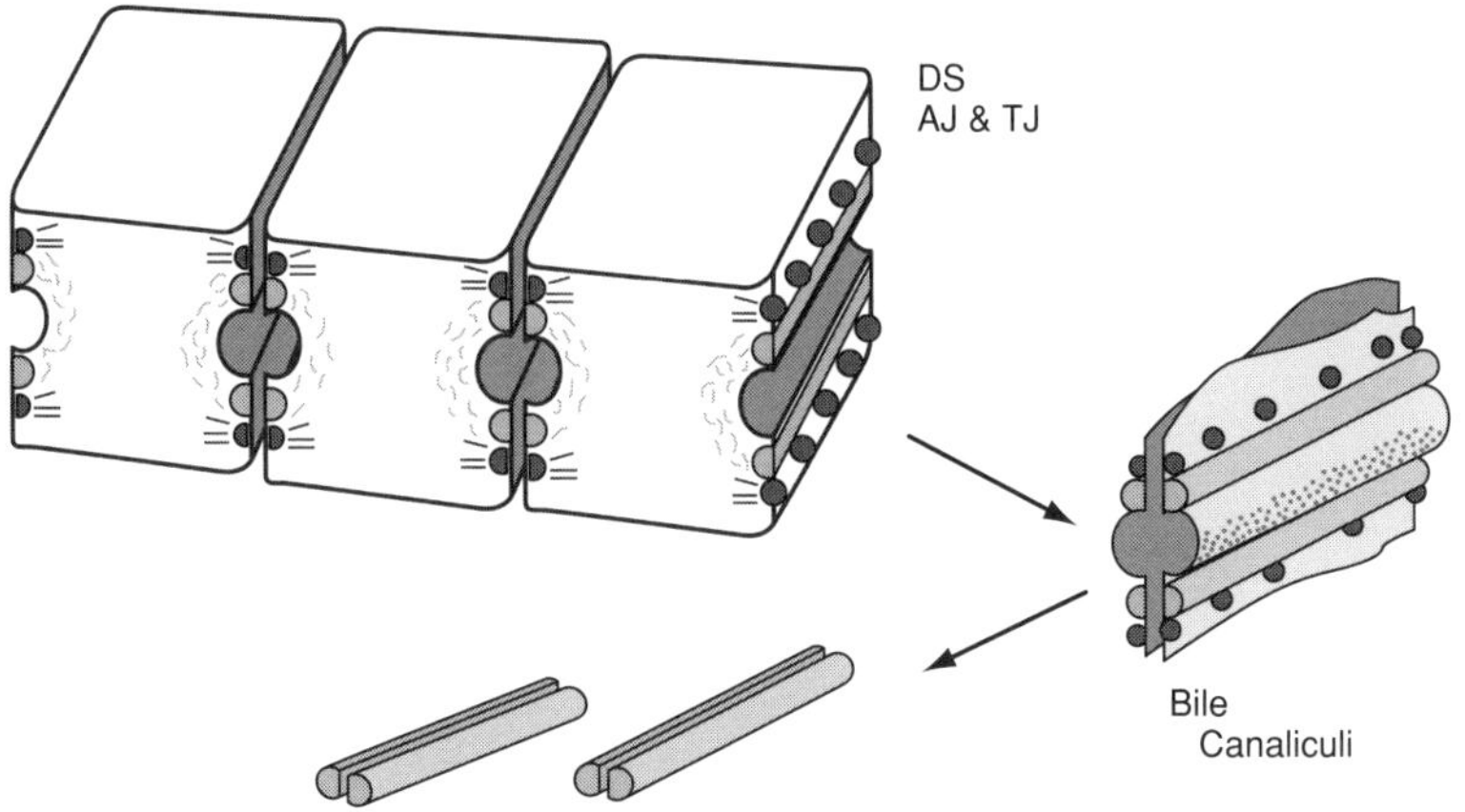

図 2　肝臓から接着装置を単離する方法の確立

肝臓は毛細胆管（bile canaliculi）と呼ばれる部分だけがアピカル面で、その両側に接着装置がある。肝臓をホモジェナイズして濾過した後、一度ショ糖密度勾配遠心法にかけ毛細胆管を集め、それを界面活性剤処理で裏打ち構造のあるジャンクションだけ残し、もう一度ショ糖密度勾配遠心法にかけて回収する。この方法の確立にはすべて電子顕微鏡でアッセイしたので大変な労力だった。この図では、デスモソームは除けているように書かれているが、かなり混ざっているよりも大学院生が可哀想でした。移籍が決まってからも山川所長のご好意で、約一年間、そのまま臨床研で研究を続けさせていただき、その間に生理研の方をセットアップすることができました。

生理研に移ってからの研究は、臨床研時代に敷いたレールの上をただ走れば良いだけで気持ちとしては楽でした。また、大学院生がとれるというメリットも最大限に生かされて、やる気のある優秀な学生が数多く集まってくれました。線路が敷かれていて、馬力があれば、汽車は突っ走るわけで、生理研では、予想を遥かに越えたスピードで研究成果が出ていきました。江橋先生の後の所長に、なんと山田先生と並んで電顕の神様と呼ばれていた浜清先生がなられたということもあって、何とも楽しい毎日でした。

そんな時、古瀬幹夫さんという青年が、翌年の大学院を受験したいのだが、と訪ねてこられました。これは運命的な出会いでした。聞けば、彼は、京都大学の生物物理の修士課程を経て、シオノギ製薬の研究所に勤務しているが、やはりアカデミックな分野でもう一度やり直してみたいと言う。顔の彫りはきわめて深く、外国人のような容貌でしたが、話し方にそれほど情熱を感じなかったような記憶はあります。ところが、僕の態度が一変したのが、古瀬さんがテニスの京都府高校大会でシングルスベスト八の成績をもっていると聞いた時です。岡崎はテニス環境に恵まれていて、僕らの研究室もほぼ全員夕方になるとテニスコートに駆けつけるのですが、ほぼ全員素人なので、皆に白い眼で見られていたのです。うーむ、古瀬さんを大学院生でとれば、我が研究室のテニスレベルは急速にアップするぞ、とその時正直思いました。思ったどころか、面接にきた古瀬さんにむりやりテニスウェアーを着せて、テニスの試験をしてしまったのです。もちろん、レベルが違う。これで採用決定、という次第でした。この古瀬さんという青年が、僕らの貧乏旅団の方向性を画期的に変えるブレークスルーを引き起こすとは、当時一緒にテニスした仲間は誰一人思わなかったでしょう（この経緯には未だに古瀬さんは不満を感じているようですが——当然か）。

そこで、古瀬さんの研究です。テニス以外に何をやるかということになりました。ここで、学問的に少しややこしい話になります。古瀬さん出現までの間、大学院生の伊藤雅彦さんがラット肝臓から取った「単離接着装置」を抗原としてマウスに注射して、多くのモノクローナル抗体をとり、「単離接着装置」に濃縮する分子量二二〇キロダルトンの抗原を同定していました。この分子は、いろいろな面からカドヘリンと挙動を共にし、カドヘリンの新しい裏打ち蛋白質であると僕たちは期待していました。ところが、伊藤さんがこのｃＤＮＡを単離してみると、何と、この蛋白質はＺＯ－１と呼ばれるタイトジャンクションの裏打ち蛋白質として唯一知られていたものと、本当にひょんなことから（ＺＯ－１のｃＤＮＡクローニングを同時に行っていたグループのポスター発表の中にあった分子の模式図から）同一ではないかということになったのです。なんだ、こりゃあ？　カドヘリンの裏打ち蛋白質として解析してたら、タイトジャンクションの裏打ち蛋白質？　ここで捨てるか捨てないかが「視力」だったように思います。「単離接着装置」にＺＯ－１が沢山あるということは、タイトジャンクションも濃縮しているということ。ということは、この分画はタイトジャンクションの研究にも使えるぞ。ここでタイトジャンクションの重要性を知らなかったらそれまでだったでしょう。タイトジャンクションがいかに重要なものであるかを知っていたから、すなわち「視力」を鍛えていたから、ここでタイトジャンクションを棄てなかったのです。

七、タイトジャンクションの重要性と残されていた難問

多数の細胞が機械的に結びつけられている多細胞生物の形作りにおいて、細胞間および細胞基質間の接着の果たす役割は大きい。多様な接着分子が、機械的な結合（接着）だけでなく、特異的な細胞認識や複雑な接着シグナルの伝達にもかかわっていることが、次々と明らかにされています。しかし、これらとは全く別の観点から、細胞間の接着が多細胞生物にとって本質的に重要であることが古くから知られています。それは、「細胞間を通った物質の移動（漏れ）の制御」という観点です。

多細胞生物は上皮細胞に囲まれることにより、まず自己の内と外に区別されます。そして、体の中は、上皮細胞や内皮細胞のシートにより、さらにいくつものコンパートメント（部屋）に分けられています。脳、血管、腎臓の尿細管などはその代表的なコンパートメントですが、特殊なものでは甲状腺の濾胞、内耳の蝸牛管なども挙げられます。コンパートメントの中のイオン環境や蛋白質の種類・濃度などは、それぞれの機能に応じて大きく異なっており、この環境を動的に保っていることが、多細胞生物が生きていく上で必要不可欠なのです。しかし、多細胞生物であるが故に、これらのコンパートメントを仕切る壁は細胞を並べて作らざるを得ませんが、いくらカドヘリンなどの強力な接着分子で細胞間を結合させても、水・イオン・蛋白質などは細胞間を自由に通ることができるのです。そこで、多細胞生物が存在するためには、この細胞間を通る物質の移動（漏れ）を防ぐための特殊な接着機構が必要となるのです。それがタイトジャンクション（以下ＴＪ）と呼ばれる接着装置で、ここでは隣り合う細胞間の細胞膜の距離がゼロにまで近づいていて、細胞間を通る物質の移動を防いでいます。

脊椎動物では、このＴＪを上皮細胞間や内皮細胞間に発達させることにより、これらの細胞シートが各コンパートメントの環境を守るバリアーとして働くことを可能としています。しかし、先にも述べたように、各コンパートメントの内部の環境は静的に保たれているのではなく、コンパートメントの外と物質の交換をしながら動的に保たれています。この際、いろいろな物質が細胞シートを横切る必要がありますが、それには図3に示すような二つのルートがあります。細胞そのもの、すなわち細胞膜そのものを横切って運ばれるルートは transcellular pathway と呼ばれ、ここには多くのチャネル分子やポンプ、トランスポーターなどがかかわっています。この pathway はこれまでの生理学研究の中心的テーマでした。一方、細胞間、すなわちＴＪを横切って運ばれるルートは paracellualr pathway と呼ばれます。ＴＪがバリアーのために存在するという、先の議論と一見矛盾するようですが、実際にはＴＪのバリアーは、きわめて漏れにくいものから、かなり漏れやすいものまで相当の幅があり、一般的にＴＪは選択的にイオンなどを通しうるバ

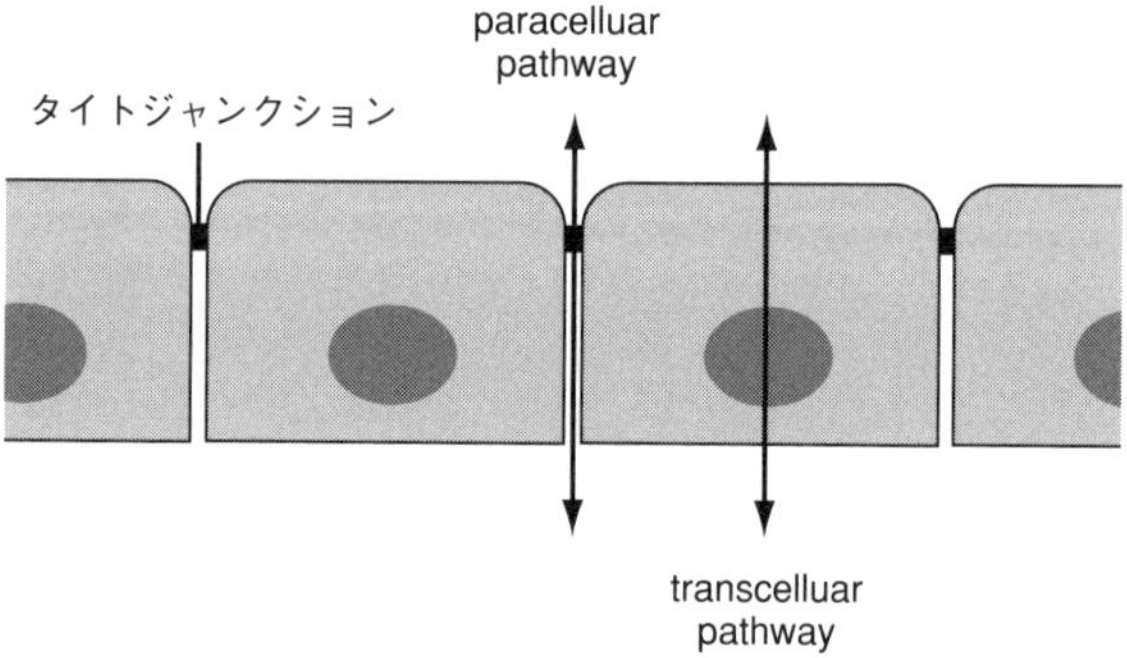

図３　単層細胞シートを横切る２つの物質輸送の経路

リアーであると言うことができます。すなわちＴＪは paracellular channel とでも言うべき〃穴〃を内包すると考えられるのです。物質によっては主に paracellular pathway を通ってコンパートメントの内外で交換されることも知られており、この pathway も transcellualr pathway と同様に重要であると考えられてきました。しかし、ＴＪの分子的基盤に関する我々の知識がきわめて未熟であったために、その解析は遅れていました。「視力」という点では、僕らのグループがもっとも劣っていたのが、このＴＪの詳細な生理学だったことは後々分かってきます。

それでは、ＴＪの構造を少しここで解説しましょう。単層の上皮細胞では、隣り合う細胞膜（ラテラル膜）のもっともアピカル寄りに細胞間接着装置複合体と呼ばれる領域があり、その部分で隣り合う細胞が強く接着しています（図４Ａ）。上述したように（図１）この領域は三つに分かれ、アピカル側からタイトジャンクション（ＴＪ）、アドヘレンスジャンクション（ＡＪ）、デスモソーム（ＤＳ）と呼ばれます。ＡＪにはカドヘリンが接着分子として濃縮しており、よく発達した裏打ち構造を介してアクチンフィラメントが密に細胞膜に結合しています。ＤＳでもやはりカドヘリン様の接着分子が機能しており、ここでは中間径フィラメントが結合しています。これら二つの接着装置では向かい合う細胞膜間の距離は15～20ナノメートルに保たれていて、細胞間の強い機械的結合を担っており、その結合力を細胞骨格につなげることにより、組織全体としての機械的強度をも担っています。これらに較べ、ＴＪは特殊な接着装置です。超薄切片像で見ると、ところどころで向かい合う細胞膜間の距離がゼロにまで近づいています（ＴＪのキッシングポイントと呼ばれます）（図４Ｂ）。また、凍結割断レプリカ法で観察すると、ＴＪの部分では、膜内粒子が一列に並んだストランド（ＴＪストランド）が編み目を構成しています（図４Ｃ）。このような観察か

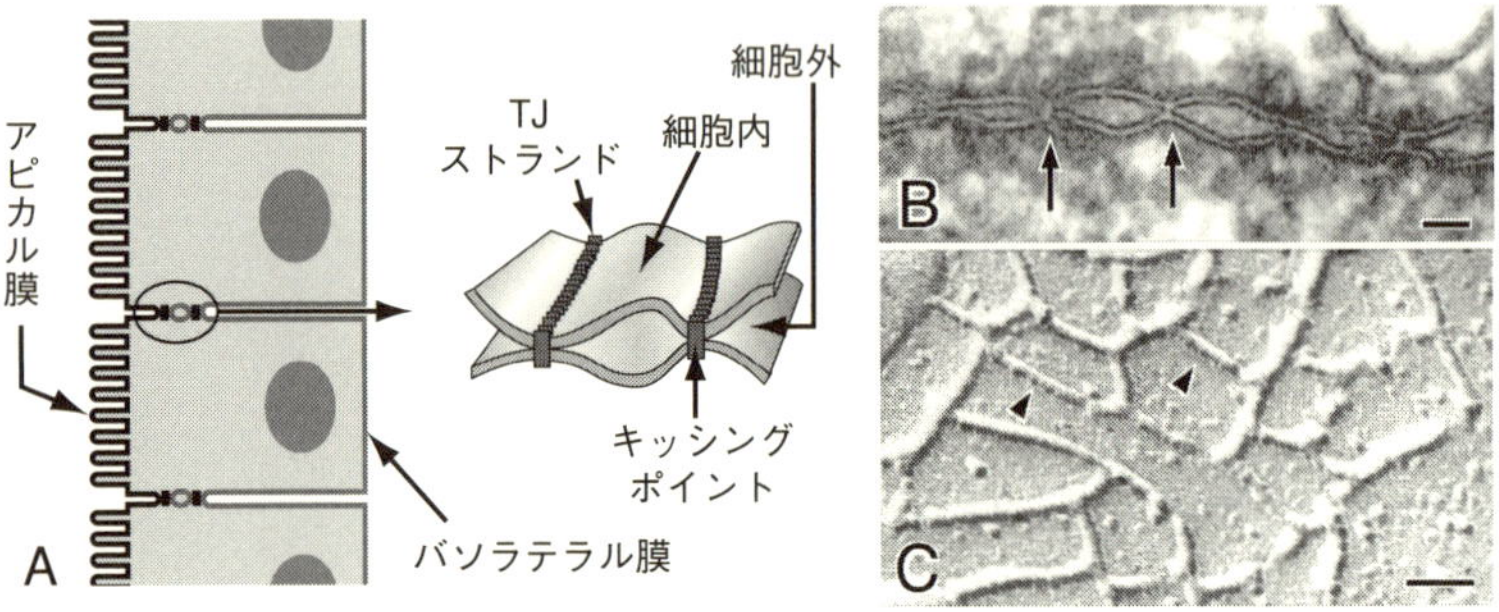

図４　タイトジャンクションの基本構造

Ａ：単層上皮細胞のバソラテラル膜のもっともアピカル寄りの細胞間にタイトジャンクション（TJ）が帯状に存在する。TJ では、内在性膜蛋白質が線状に重合して TJ ストランドを作り、向かい合う細胞膜中の TJ ストランドと対合することにより、細胞膜間の距離をゼロにまで近づけている（キッシングポイント）。Ｂ： TJ の超薄切片電子顕微鏡像。キッシングポイント（矢印）が見える。Ｃ： TJ の凍結割断レプリカ像。試料を凍らして割断すると、細胞膜の内葉と外葉の間で割れ、内在性膜蛋白質を直接レプリカ像として観察できる。TJ ストランド（矢尻）がネットワークを形成しているのが見える。スケールバー： 50nm（月田承一郎：生化学, 72 ： 155-162, 2002 より転載）

ら、ＴＪの構造は図４Ａのようなものであると想像されてきました。すなわち、何らかの内在性膜蛋白質が細胞膜の中で線状に重合してＴＪストランドを形成し、向かい合う細胞膜中のＴＪストランドと側面で対合することによりキッシングポイントを形成するという構造です。しかし、このＴＪストランドを構成する内在性膜蛋白質の実体は長い間謎に包まれており、ＴＪストランドが特殊な脂質の逆ミセルから出来ているという脂質説まで有力視されたりして、このＴＪストランドの実体は残された大きな難問として我々の前に横たわっていました。しつこいようですが、この「難問」の存在を知って「見えて」いたのが、これからの僕らにとってはドラマティックな展開をよぶのです。では、この「視力」はどこでついていたのでしょうか？　まちがいなく、山田英智先生の素晴らしい講義と、石川春律先生とのすばらしい議論と、そして、生理学の総論の講義をまじめに勉強したことによって得られていたのでしょう。裏話ですが、生物物理出身の永渕さんも古瀬さんも当時はＴＪの重要性についてほとんど意識していなかったようでした（父の言った理学部と医学部の教育の違いかな？）

八、はじめてのＴＪ内在性蛋白質オクルディンの発見

テニスプレーヤーとして期待されて大学院に入ってきた古瀬幹夫さんは、間違いなく期待を裏切りませんでした。テニスは頭は使わずに力で打ちまくるんだという、我

が研究室の概念は一挙に崩れました。古瀬さんは『相手が失敗しやすいところへ打つのですよ』と平気で言って、それを実行する。決して派手なテニスではない。でもうまい。そーか、ボールをコントロールするのが大切なんだ、僕らは心のそこからそう思いました。それ以降、古瀬さんとペアーを組んで、岡崎共同研究機構のテニス大会で優勝した仲間が急増しました。なぜか、一番テニスに熱心だった真っ黒けな永渕さんだけがその栄冠を逃したのですが——。

さて、サイエンスにもどりましょう。僕らの「単離接着装置」にZO－1が大量に含まれている。ということは、この分画にはTJも大量に濃縮していることを意味します。すなわち、これまでのTJの最大の難問だったTJストランドを構成する膜蛋白質（もし存在すれば）も大量に濃縮していることになります。これはいける。この膜蛋白質を同定してやる。まさに、貧乏旅団が「カドヘリン山」を目指して、工夫しながら、ちょっとは目立つ旅団になって、それでも、オリジナリティなどなかなか認められない旅を続けているなかで、宝物が埋蔵している山のすぐそばを通っているのではないか、と直感しました。しかも、周りの旅人は、何事もないようにこの山を通り過ぎて行きます。よし、行くぞ。古瀬さんを先見隊にして、この山をそろっと偵察してみよう。

まず、この分画を溶かして、抗ZO－1抗体で免疫沈降してみました。何も結合してきませんでした。当たり前か。ZO－1を随分以前に見つけたB. Stevensonなどがこんな実験やっていないわけがない。「幻の膜蛋白質」とZO－1は細胞骨格などと結合していて高い不溶性を示し、免疫沈降法は不適切なんでしょう。じゃあ、どうしようか。このあたりから、古瀬さんのテニスプレーヤーではない、驚くべき実験科学者としての才能が発揮されはじめました（写真6）。まず、「幻の膜蛋白質」は、この分画に濃縮している筈です。だから、普通にこの分画を抗原にしてモノクローナル抗体を大量にとり、TJを染める蛋白質をスクリーニングして行けばよいのではないかと考えました。ただ、これまで、大学院の伊藤さんがラットの「単離接着装置」を抗原にして、死ぬほどモノクローナル抗体をマウスで取っていって、その結果取れたのがZO－1で、決してTJの膜蛋白質はとれませんでした。古瀬さんと僕はこれはラットとマウスが種が近いので、「幻の膜蛋白質」の抗原性が低いと考えました。じゃあ、なにから抗原をとろうか？　いろいろやりました。ウシ、ウサギ、ニワトリ、ハムスター等々――。でもやっているうちにある法則に気付きました（「古瀬・平瀬の法則」：平瀬徹明さんは当時神戸大学から派遣されていた大学院生）。材料とする肝臓が小さいほど、綺麗な「単離接着装置」がとれるのです。マウスなど最高、ラットだとややダメ、ウシやウサギは全然取れない。ニワトリもとれない。細胞量と結合組織量の比なんでしょうか？　ちょっと途方にくれましたが、じゃあ、ヒヨコなら肝臓も小

写真６　僕らの研究室に突如現れたテニスプレーヤー古瀬幹夫さんは
すごい実験科学者でもあった

さいし、さらには、岡崎は卵鶏用のヒヨコの大部分を生産しているという特殊事情もあって、オスのヒヨコに飛びつきました。なにせ、オスのヒヨコは「ただ同然」なのですから（役たたずなのです）。抗体を取るラットからも、顔を見てもどう見ても種が遠い（抗原性が高そう）。

そこで、未知の山への大登山が始まりました。古瀬さんを分団長とする先見隊です。ヒヨコを二〇〇～三〇〇羽もらってきては、肝臓を取り出し（合計二、〇〇〇羽はこえたでしょう）、コールドルームと超遠心機をフル回転させて「単離接着装置」を集めまくりました。それを、週に何クールかするから、研究室はヒヨコの羽が飛び回り、くしゃみがあちらこちらで連発されていました。さて、材料が集まりました。これをラットにアジュバントと注射し、腫れてきたリンパ節からリンパ球を回収してミエローマと融合させ、ハイブリドーマを沢山つくるのです。ここでも、古瀬さんの実験科学者としての直感が生きていた事が、後で分かります。実は、ねらいは膜蛋白質だからというので、少量のＳＤＳという界面活性剤を混ぜた「単離接着装置」と混ぜていない「単離接着装置」を作って抗原として使っていたのです。結果は、混ぜた方から、大きな道が開けました。このとき、ＳＤＳをいれていなかったら、この大登山は頓挫していたことになる。実験科学なんて、そんな実験者のちょっとしたセンスが大きく歴史を変えるのです。

とにかく、スクリーニングは蛍光抗体法でＴＪを染めるものを拾うという、これまた気の遠くなるような方法で行われました。でも、感動的なことにＳＤＳ入り「単離接着装置」を抗原として得たモノクローナル抗体の中に、奇妙な挙動をするクローンを三つ得ました。ＴＪを美しく染めるのです。そして、生化学的検索から、それは、明らかに膜蛋白質なのです。この三つとも同じ抗原を認識しているという確信をもったので、これらをつかって、抗原のｃＤＮＡを取りました。運の良いことに、この時代には、この作業は難しいものではありませんでした。塩基配列が決まりました。古瀬さんが部屋に飛び込んできました。『分子量六五キロダルトンくらいで、なんと四回膜貫通ドメインを持ってますよ』『だろう！　そりゃあ、本物だ』僕は叫んでいました。凍結割断レプリカ法で膜内粒子としてはっきり見えるには、数回は膜を貫通してなければなりません。だから、あんな綺麗なストランドを作る幻の膜蛋白質がとれたら、それは複数回、多分四回以上膜を貫通している必要があると確信していたのです。天にものぼる気持ちでした。やったじゃん、まだまだ『小さな小さな小さな発見』だけどな。そして、張り切って、ＴＪすなわち **zonula occludens** からこの蛋白質をオクルディン（**occludin**）と名付けました。この時点では、ちょっと終わった気、すなわち、一つの山に登った気、になっていました。まだまだこの登山は終わっておらず、波瀾万丈の展開が待ち受けているとはつゆとも知りませんでした。

しかし、古瀬さんはハッピーでした。何せ、念願の学会発表が出来るのだから（実は内緒だったんだそうだったんですが、信じられないことに、古瀬さんが僕の研究室へきた第一の目標は学会発表することだったんですって！）。まず、分子生物学会のポスターに出しましたが、聴衆の反応がきわめてわるくがっかりして帰ってきました。その次に、細胞生物学会のミニシンポジウムで話をしました。この時は、竹市先生が絶讃してくれたと言って喜んでいました。要するに「視力」なんです。竹市先生はすぐれた「視力」を持たれていて、古瀬さんのやった細胞生物学上における高いインパクトを瞬時に感じられたのだと思います。

もっと凄い反響は世界からでした。この論文は、よほどNatureなどに投稿しようかと思ったのですが、短い分子だし、「世界では」みんなが狙っている蛋白質だし、どうしてもクレジットが取りたかったので、僕を育ててくれて、レフリーにも仲間が多いJournal of Cell Biology（ＪＣＢ）に送りました。ルールを無視して、当時、Editor-in-chiefだったN. B. Gilula（故人）さんに事情を書いて直接投稿しました。向こうでは、大きな興奮が起きたようでした。ものすごくレスポンスが速く、また、Barry Gumbinerという研究者が、その号に“Breaking through the tight junction barrier”という総説を書いてくれました。心から祝福した絶讃の内容でした。僕曰く『それみろ。やはり凄い仕事を古瀬さんはやったんだよ』古瀬さん曰く『この日米の反応の差はちょっと淋しいですねぇ』。そうなんです、信じられないことに古瀬さんは日本学術振興会の特別研究員まで落ちてしまったのです。これには竹市先生も激怒されたのを憶えています。「視力」の差なんです。教育の差なんです。向こうからみれば、ぼくら日本人は「座頭市」に見えたのかもしれません。

九、京都大学医化学教室へ ―ヒトオクルディンの発見―

タイトジャンクションの接着分子オクルディンの同定に成功した時には、形態学を徹底的に利用した分子生物学を指向してきて間違いではなかったな、という確信じみたものが自分のなかに浮かんでくるのを感じました。

生理研での生活が四年目に入ろうとしていた時、そして、実験室内はオクルディンの発見で湧いていた時、京都大学の医化学の本庶佑先生から、セミナーをして欲しいとの依頼がありました。本庶先生は、学生時代に東大に助手としておられた関係でそのころお話ししたことがありましたが、突然の依頼だったので戸惑いながらも、日本の分子生物学の総本山の感がある医化学教室に出かけていって、形態学を利用した「分子生物学」の成果をお話ししました。その夜、本庶先生からお電話があって、『医化学に故沼教授の後任として来ないか』とのお話がありました。驚天動地とはこのことを言うのでしょう。当時の浜所長や江橋先生のご尽力や、京大側の寛大な御処置のおかげで、二年間もの長い間、兼任し、京都大学に移ることになりました。

兼任が決まったとき、京大の正門を歩いていると、当時解剖学教室で講師をされていた藤本和さん（故人）にばったり会いました。彼曰く『凍結割断レプリカ法のレプリカの上で、膜蛋白質を直接金粒子でラベルする方法を開発したんだ。オクルディンでやらしてもらえないか？』すぐ抗体を届けたら、翌日、何と、レプリカのTJストランドだけが見事にラベルされたレプリカ像を持ってこられました。その見事な特異性と染色の速度に驚愕しました。ここから、藤本さんが京大を出るまで僕たちの密接な共同研究が続くこととなりました。こんなオリジナルな技術を開発された同年代の藤本さんが福井の地で急逝されたのは、僕にとっては大きなショックでした。

さて、僕たちはオクルディンの発見で少々自信過剰になっていました。なぜなら、TJの生理学がそんなに単純じゃあなくて、きわめてsophisticatedなものであることを知らなかったのです。すなわち「見えてなかった」からです。後で聞くと、アメリカでは、TJの生理学がオクルディン一つだけで説明が付くわけがない、まだまだある、ということで、オクルディンをもとに探索がはじめられていたらしい。でも、僕らは単純でした。今、取れたのは、ニワトリのオクルディンcDNAで、また、取れたモノクローナル抗体はどれもマウスやヒトのTJを認識しませんでした。でも、今の分子生物学をすれば、すぐに、マウスやヒトのオクルディンをとれるさ。そうすれば、ノックアウトも含めて、新しいＴＪの生理学、paracellular の生理学を分子レベルで展開できるぞ、と意気込んでいました。

そのとき、京大の僕らの研究室の第一期生の大学院生として入ってきたのが、斎藤通紀さんでした。彼は、学生時代から垣塚彰先生に徹底的に分子生物学的技術を叩き込まれた異色の学生で（これは系列的には沼先生の系列なのですが）、何か、もっと細胞を扱った生物学をやりたくて僕のところへ飛び込んできた変わり者でした。彼は確かに分子生物学の技術は良くできました。でも、学問に関する感性、特に、賑わっている山へ何が何でも早く到達するというような趣向は僕と相容れないものがありました。でも、若さはすごい。どんどん僕の感性に近づいてきてくれました。彼は、自分の分子生物学の力をもってすれば、ニワトリのオクルディン遺伝子から、マウスやヒトのオクルディン遺伝子をとるのは簡単だと思っていた節がありました。しかし、いくら、サザンをやっても、ＰＣＲをやってもとれないのです。これは僕らの技術が悪かったわけではなかったんです。いろいろな製薬会社もチャレンジしていましたし、うわさでは、ウッズホールでのサマースクールで「ＰＣＲをつかって皆でヒトのオクルディンをとろう」というコースまでできて、それでも完敗だったことからも分かります。『オクルディンってニワトリにしかないのとちゃうの？』という皮肉まで聞こえてきだした。完全に壁にぶつかってしまって、我々の「ＴＪ山」登山は二年間くらいルートを失ってしまいました。このころの研究室のセミナーの暗かったこと、暗かったこと、思い出したくありません。

でも、この行き詰まりは、本当に全く思わぬところから打開されました。斎藤さんと一緒に一期生として入ってきていた岸将史さんと、その先輩の榊原明さんの奇跡の発見がきっかけでした。岸さんはほとんど寝ない人でした。夜やることがなくなると、コンピュータの前に座り、いろいろなホモロジーサーチをするのが趣味でした。当時としては、かなり早い時期で、そんなホモロジーから分子を見つけて生物学をやるなんて邪道だよ、と僕はいつも叱っていました。僕が時代遅れだったんだね、ごめんね、岸さん。また、榊原さんは、いろいろなホモロジーサーチをするソフトを集めてくるのが趣味（?）で大学院のコンピュータに入れていました。或る夜中、この二つの趣味が大きな発見をもたらしたのです。一九九五年の九月の中旬、岸さんは、自分が興味がある遺伝子のホモロジー検索が夜中に終わって、ふと、隣のファイルをみると、ニワトリオクルディンのアミノ酸配列のファイルと、榊原さんが導入した感度のよいソフトがありました。ということで、岸さんは、誰の許可を得ることもなく、この二つを組み合わせました。と、予想もしないことに、ニワトリオクルディンのアミノ酸配列に有意のホモロジーのあるヒトのアミノ酸配列（ごく最近データベースにアップロードされたらしかったのですが）が浮かび上がってきたのです。突然、岸さんは興奮した声で、『ヒトのオクルディンの配列がここにある!』と叫んだそうです。それを家内が聞いていて、家に帰ってから寝ている僕に、『岸さんがヒトのオクルディンの配列がここにある! とか叫んでいたわよ』と教えてくれました。忘れもしない、夜中の二時ころに、大学にいる岸さんに家から電話をしました。僕も興奮して寝れませんでした。

翌日、関係者が集まって、その配列の出典を調べてみて、さらに驚きました。すでに八ケ月前の雑誌 Cell にのっていた配列なのです(図5A)。表紙にもなっている論文でNAIPというアポトーシスを抑制する遺伝子をとったという内容で、そのゲノム配列がある図にのっているのですが、そのNAIP遺伝子の3'側に変な配列がくっついていて、何とそこに肉眼では見えないような大きさの字で"ORF with homology to occludin"と書いてあるのです(図5B)。本当に、虫眼鏡で見ないと分からないような小さな字で。この著者たちはオクルディンなんて興味なかったんだろうし、ヒトのオクルディンを血眼になって捜していた人には、字が小さすぎた。本当に笑い話です。さらに、この配列はどうもNAIPの遺伝子を単離するときに、人工的にたまたま3'側にくっついてきていたようなのです。まさに、神がつり上げたヒトオクルディン遺伝子でした。そして僕らに少し早いクリスマスプレゼントとしてくださったのでした。

その当時でさえ、遺伝子の一部がわかってしまえば、全長遺伝子をとるのは時間がかかりませんでした。PCRが普通に使われていましたから、一ケ月でヒトもマウスもついでにイヌもオクルディンがとれてしまいました（図6A）。そして、これらから、哺乳動物細胞を見事に染色できる抗体も簡単に取れてしまいました（図6B）。その結果を、また、Gilulaに相談して、配列のデータだけだったのですが、一二月にJCBに受理してもらいました。

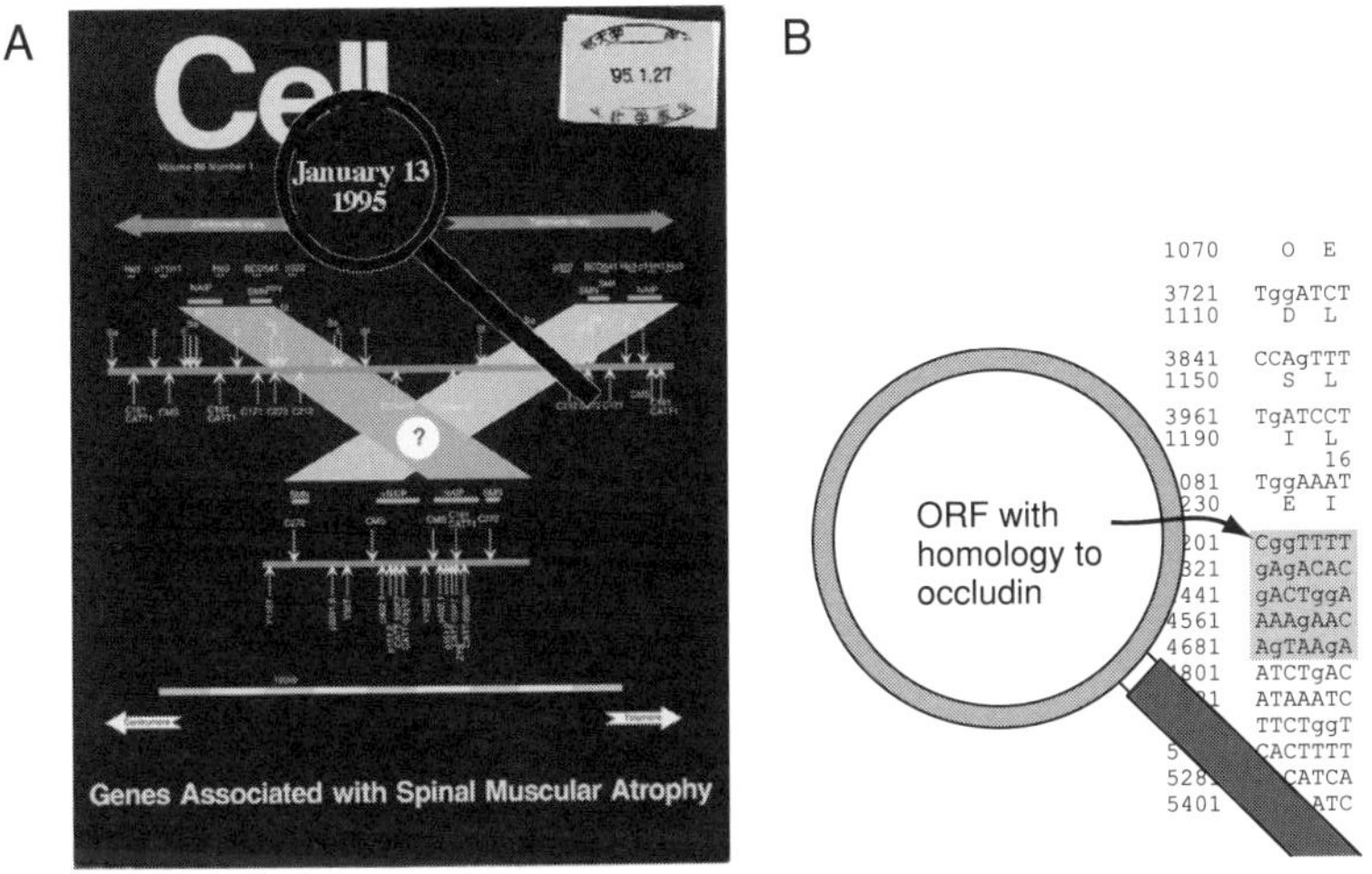

図5　ヒトオクルディンの“発見”
A：NAIP論文が表紙になっているCell誌。1月13日号である。B：その論文の1つの図の片隅に書かれているhomologyの文字。ここでは人為的に虫眼鏡で大きくしてある（Roy, N., et al：Cell, 80, 167–178, 1995より引用）

翌年の三月にジャンクションのキーストーンミーティングが開かれました。まだ、論文は印刷されてなかったので、僕らのライバル James Anderson（ZO-1のcDNAクローニングで競争になった昔からTJをやっている大御所）のグループは僕らがすべてのクローニングを終わらせていることを知らない筈でした。僕らは、Anderson の発表の前日にすべてを発表しました。『君らはニワトリのオクルディンを随分前に見つけたが、やっと僕らがヒトやマウスのオクルディンをみつけたよ。これから、ノックアウト等いろいろな実験ができるよ』とだけは言わせたくなかった僕らとしては、本当にホッとした瞬間でした。で

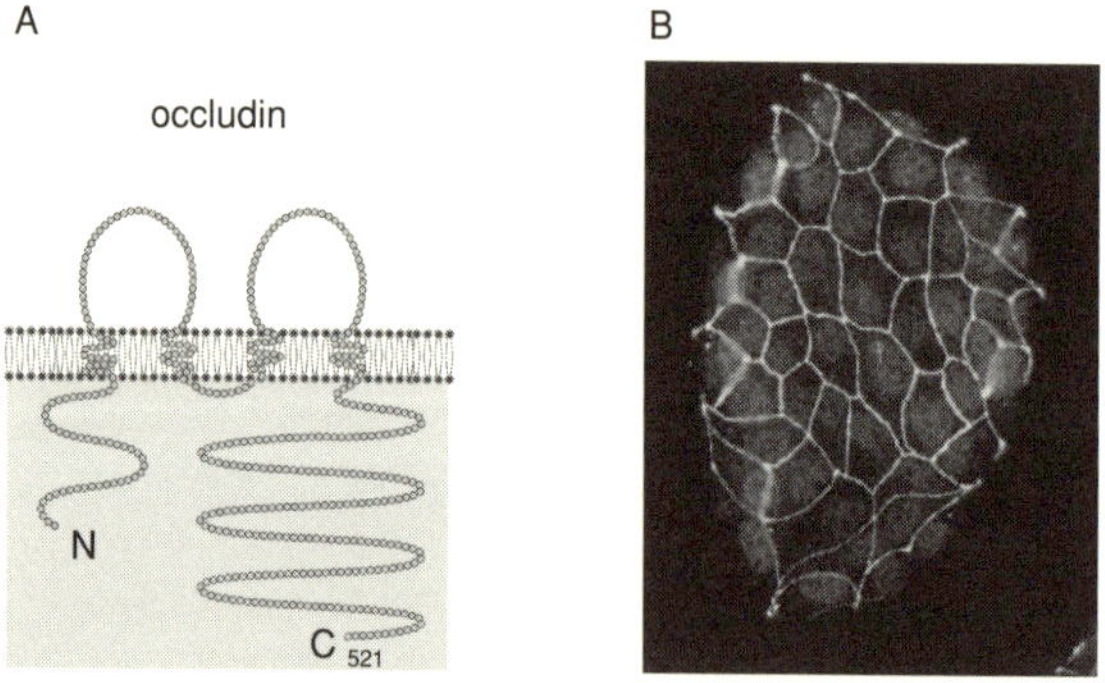

図6　ほ乳類オクルディンの同定
A：マウスオクルディンの分子モデル。N 末端と C 末端を細胞質側に持つ4回膜貫通型蛋白質である。B：得られた抗オクルディン抗体でイヌ培養上皮細胞を染めた像

も、まだ、この話は続きます。その後の昼食の時に、ある製薬会社の若い人がやってきて、『おめでとう。やったね。じつは、一ケ月前に、僕たちもデータベースからヒトのオクルディンの配列に気がついて、自分たちではオクルディンプロジェクトは終了していたので、その情報を Anderson に流したんだよ。今の君の発表を聞いてきっと悔しがっているよ』と話してくれました。案の定、Anderson は、自分の発表のとき、手書きのＯＨＰを用意して、自分たちも最近ヒトのオクルディンの遺伝子をとったとだけ述べました。でも、論文のこともあるし、勝敗（学問において「勝敗」という言葉は大嫌いなのですが――）は明らかでした。これは「視力」の問題ではありませんね。岸さんと榊原さんが四本の足で歩きまわったおかげですね。いや、そうではないかもしれない。やはり、これは、普段コンピュータサーチに慣れ親しんだ岸さんと榊原さんの「視力」のおかげだったのかもしれない。いずれにせよ、クレジットをとるという意味では、ＪＣＢとの太いパイプはきわめて大きかったように思います。

一〇、オクルディンの悪夢よ再び

さて、マウスのオクルディンがとれたら、ノックアウトです。ただし、どうせオクルディンがなくなったらＴＪストランドがなくなるのだからノックアウトマウスは早い時期に致死になるでしょう。そこで、まず、ＥＳ細胞で一つのオクルディンのアリルを潰し、さらに、もう一つのアリルを潰すダブルノックアウト細胞を作りました。通常のＥＳ細胞は、旋回培養すると細胞凝集を作り（embryoid body と呼ぶ）、最外層に visceral endoderm、最内層に visceral ectoderm という上皮を作り、細胞間には立派なＴＪストランドを形成します。だから、オクルディンダブルノックアウト細胞ではＴＪストランドはおろか、上皮細胞層もできないかもしれない、と浅はかな僕たちは思っていました。この仕事は、斎藤通紀さんが、癌研究所の野田哲生先生に教えていただいて、一気にやってしまいました。腕が凄いんです。しかし、――、結果は最悪でした。なんと、オクルディンダブルノックアウトＥＳ細胞からでも立派な上皮ができ、立派なＴＪストランドができたのです。気の毒なことに、斎藤さんは、オクルディンをノックアウトしただけでなく、僕たちのオクルディンストーリーまでノックアウトしてしまったと揶揄もされていました。もちろん、オクルディンにファミリーがあって、その一つをノックアウトしただけだからこのような結果になったのであろう、という議論も成り立ちましたが、データベースをはじめとするすべての状況はこの見解に否定的でした。要するに、「オクルディンがなくてもＴＪストランドは立派にできる。オクルディン以外に幻のＴＪ内在性膜蛋白質の本命がいる」という、我々には顔面蒼白としかいいようのない結果だったのです。

どうしよう。オクルディンって大切や、と言いまわってきたのに。止めちゃうか？

でもここで止めちゃあ、プロの研究者じゃあないよなあ。どうしよう。でも、オクルディンがなくても立派なＴＪストランドがあるということは、何か「真の幻のＴＪ内在性膜蛋白質」がそこに、そのレプリカ膜の上にいるのだ。これを同定せずして男と言えるか？　でも、どうする？　オクルディンを取った時と同じモノクロナール抗体スクリーニングをしても勝ち目はほぼない。まてよ。でも、僕らの手にはオクルディンがあるじゃあないか。少なくとも、オクルディンはＴＪストランドに組み込まれているのだから、「真の幻のＴＪ内在性膜蛋白質」と何らかの親和性を示す筈だ。そうだ、オクルディンをプローブにして「真の幻のＴＪ内在性膜蛋白質」を同定してやろう。それまでは、斎藤さんのデータは世界に秘密だ。世界の多くの研究室でオクルディンの研究がはじまっているから、首尾良く「真の幻のＴＪ内在性膜蛋白質」が同定できれば、サッカーでいうところの、凄いフェイントになるだろう。

一一、オクルディンからクローディンへ

では、実際にオクルディンをプローブにして「真の幻のＴＪ内在性膜蛋白質」を取ると言ってもどうすればよいんだろう。これらの蛋白質はＴＪストランドという線維構造を作っているのだから、きわめて不溶性だろう。免疫沈降法が通用しそうにありません。Yeast-two-hybrid 法も当然考えられますが、これらの蛋白質は多分細胞膜の

中での相互作用でストランドを作っているので、これも勝ち目が薄そうです。とはいうものの、大学院生はこれらを全部やりました。そして、予想通り、すべてネガティブな結果でした。

そこで古瀬さんの再登板となりました。古瀬さんはこのあたりのセンスは天才的なものを感じさせるものがあります。彼は考えました。「単離接着装置」には、ＴＪストランドの他にも、構造体を作っているものが沢山ふくまれているだろう。とにかくこの分画からふつうに抽出できるものを抽出しきったら、最後の不溶物のなかにオクルディンも「真の幻のＴＪ内在性膜蛋白質」も含まれているであろう。そこで、ニワトリの「単離接着装置」を４Ｍグアニジンで処理して徹底的抽出を行い、残りを電気泳動して、オクルディンのバンドがどのくらいみえるのかをチェックしました。結構な量がありました。オクルディンがなくなってもＴＪストランドは存在するのだから、狙っている「真の幻のＴＪ内在性膜蛋白質」の量はオクルディンより多いだろう。グアニジン処理不溶分画の電気泳動では、オクルディンより多いバンドは九本ありました。この中に真犯人がいるに違いない。この時代には、ある程度の量があれば、そのバンドの部分アミノ酸配列を決定できるようになっていたので、僕は『九本ともアミノ酸配列決めろよ』と進言しましたが、古瀬さんはもっとエレガンスさを追求しました。今度は、もとの単離接着装置を適当な強さで超音波処理して、構造物を破壊して小さい断片にしてから、こまかいステップワイズのショ糖密度勾配遠心法にかけたのです。その心は、「真の幻のTJ内在性膜蛋白質」はオクルディンと同じ構造体に含まれているのだから、遠心法でも同じ挙動をする筈である、ということでした。果たして、九本のうちの八本はオクルディンとは異なった密度勾配分布を示しました。ところが、驚いたことに、本当にこんな美しいデータがあって良いのだろうかと思えるほどに、分子量二三キロダルトンの低分子量バンドが全くオクルディンと挙動を共にしたのです。そのバンドの部分アミノ酸配列を決定してみると、二種類の二三キロダルトンの膜蛋白質の混合物で、しかもこの二つは三〇%程度の相同性のあるファミリーメンバーであることが分かりました。そして何と、これらの蛋白質は四回膜貫通蛋白質で（オクルディンとは全く似ていないのですが）、殆どが膜の中に埋もれていたのです（図7）。古瀬さんの完全勝

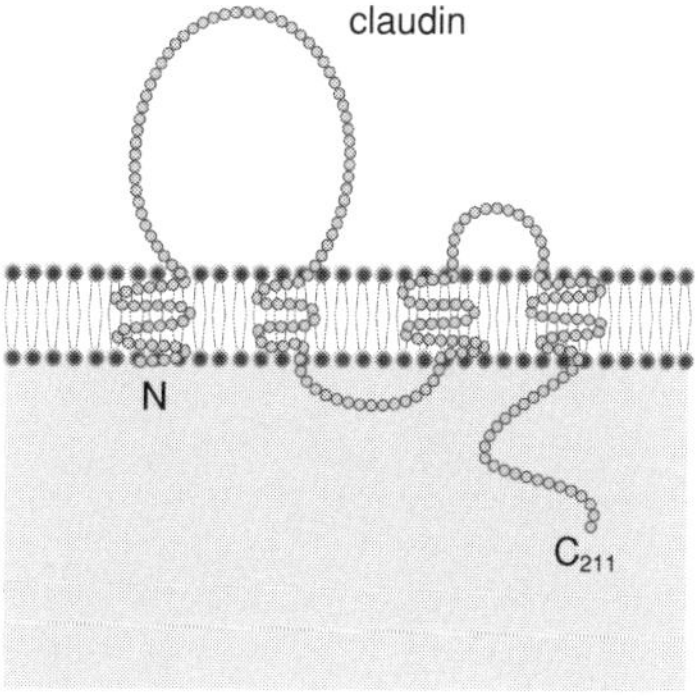

図7　マウスクローディン -1 の分子モデル
オクルディンよりも、第2細胞外ループと、C末端側細胞質ドメインが短いのが特徴

利でした。

いずれの蛋白質もタグをつけて上皮細胞に発現させるとＴＪストランドに取り込まれることが分かったので、この時点で「真の幻のＴＪ内在性膜蛋白質」を捉えたと確信しました。古瀬さんと握手したのを昨日のように憶えています。九月一八日でした。僕らの記念日になりました。ただ、どのような名前にするかでちょっと迷いました。オクルディンの時に張り切って、zonula occludens からオクルディンとつけてしまったので、困ってしまったのです。ラテン語の辞書を見ると、occlude というのは cludere に接頭語の oc（ob）がついて出来た単語らしい。cludere は英語の close にあたる。そこで、ここは接頭語をとって claudin（クローディン）ということにしました。後で知ったことですが、これは女の子の名前クローディアとして非常に馴染みのある単語らしく、西洋では受けがよかったようです。とにかく、ここでみつかった二つの「真の幻のＴＪ内在性膜蛋白質」はクローディン‐１と‐２と名付けられました。

このクローディンは予想も出来ないような強力なＴＪストランド形成能力を有していました。クローディン‐１または‐２をＴＪを持たないマウスＬ線維芽細胞に強制発現させたところ、いずれの場合も、もともと細胞間接着活性を示さないＬ細胞が互いに強固に接着するようになり、さらに、驚いたことに、ＴＪを持たない線維芽細胞であるＬ細胞にこのどちらかのｃＤＮＡを強制発現させて凍結割断レプリカ法で観察すると、細胞間に、これまで見たこともないような強烈に巨大なTJストランド（と対応する溝）のネットワークが観察できました（図８）。僕は、これまでに、こんな美しい電子顕微鏡像を見たことがありませんでした。生きててよかった、と思いました。

やったね。こんな美しいストーリーは、いくらちっぽけな発見といってもそうはないよ、と古瀬さんや学生さんと祝杯を挙げました。「運」も

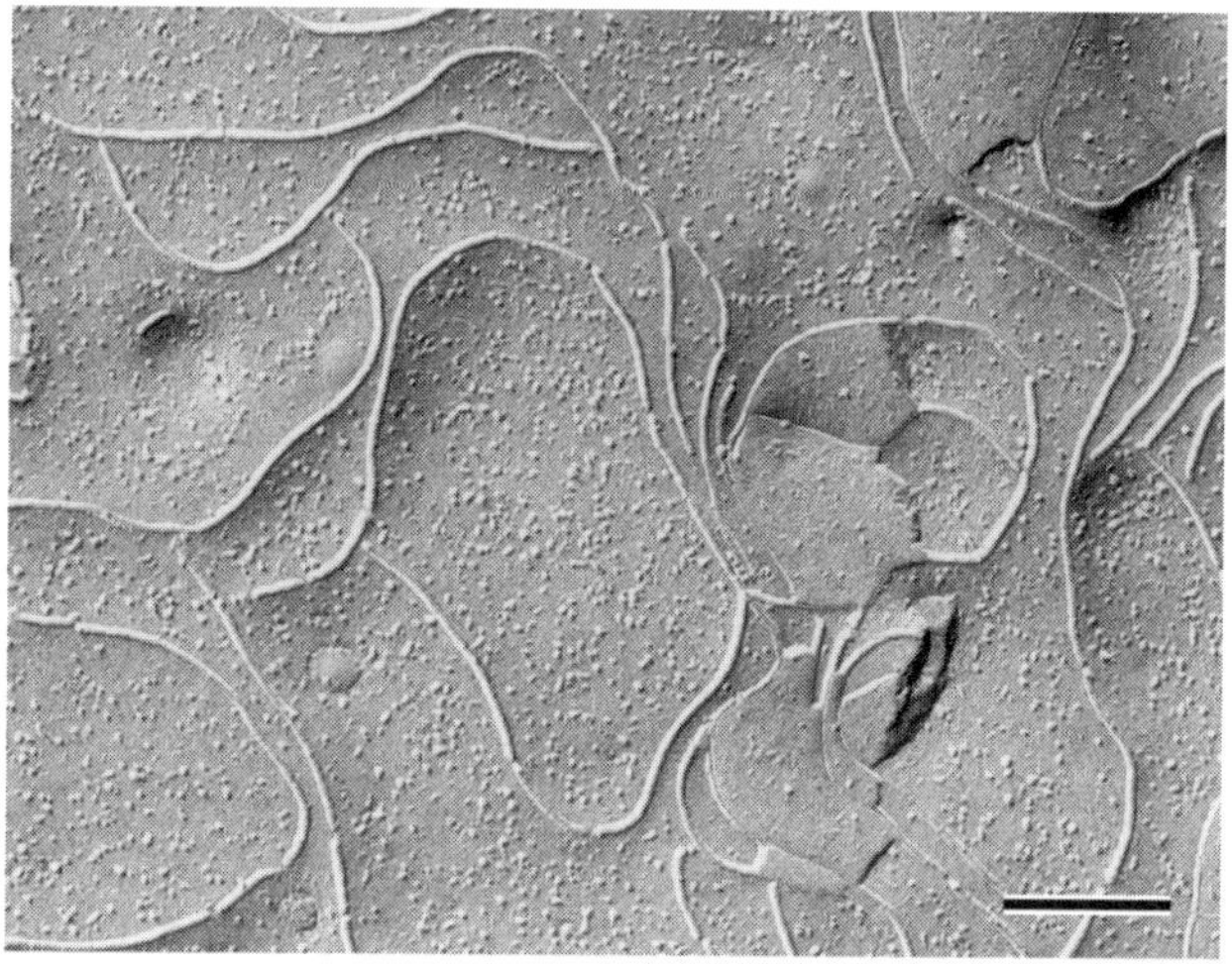

図８　クローディン-1 を導入したL細胞間に形成されたTJ ストランドネットワーク（凍結割断レプリカ像）
図４Cときわめてよく似た構造が再構成されている。スケールバー：200nm（月田承一郎：生化学, 72 ： 155-162, 2002 より転載）

あったが「視力」の勝利でもありました。僕だけでなく、やっているうちに、古瀬さんの「視力」もどんどん高まっていくのが手に取るように分かりました。永渕さんが熊本へ栄転したこともあって、僕らの目には、もう「カドヘリン山」ではなくて、自分たちが初登頂した「クローディン山」しか瞳の中には映っていませんでした。幸せな瞬間でした。あとは、この山がどのような山と峰伝いに繋がっているかをさぐっていけば良い（例えばノックアウトマウスを作ったりして―）、比較的安全な将来が残されているように思えましたし、実際にそうでした。本当に、誰も登ったことのなかった、そしてだれにも「見えなかった」山の頂に、僕ら貧乏（登った頃には有り難いことに結構お金持ち趣味になっていましたが）旅団が登り切った瞬間でした。

一二、クローディン遺伝子ファミリーの発見

クローディン-1と-2の存在は、クローディン遺伝子がファミリーを形成していることを意味していました。そこで、森田和政さんという皮膚科からきていたエネルギーの固まりのような大学院生がデータベースをもとに、クローディン-1と-2に配列の似た遺伝子を同定していったところ、最終的にクローディンファミリーはマウスで少なくとも二四種類のメンバーからなることが明らかになりました。全ゲノムが決定される前の、最後の大きな遺伝子群の発見の一つだったかもしれません。図9は、ク

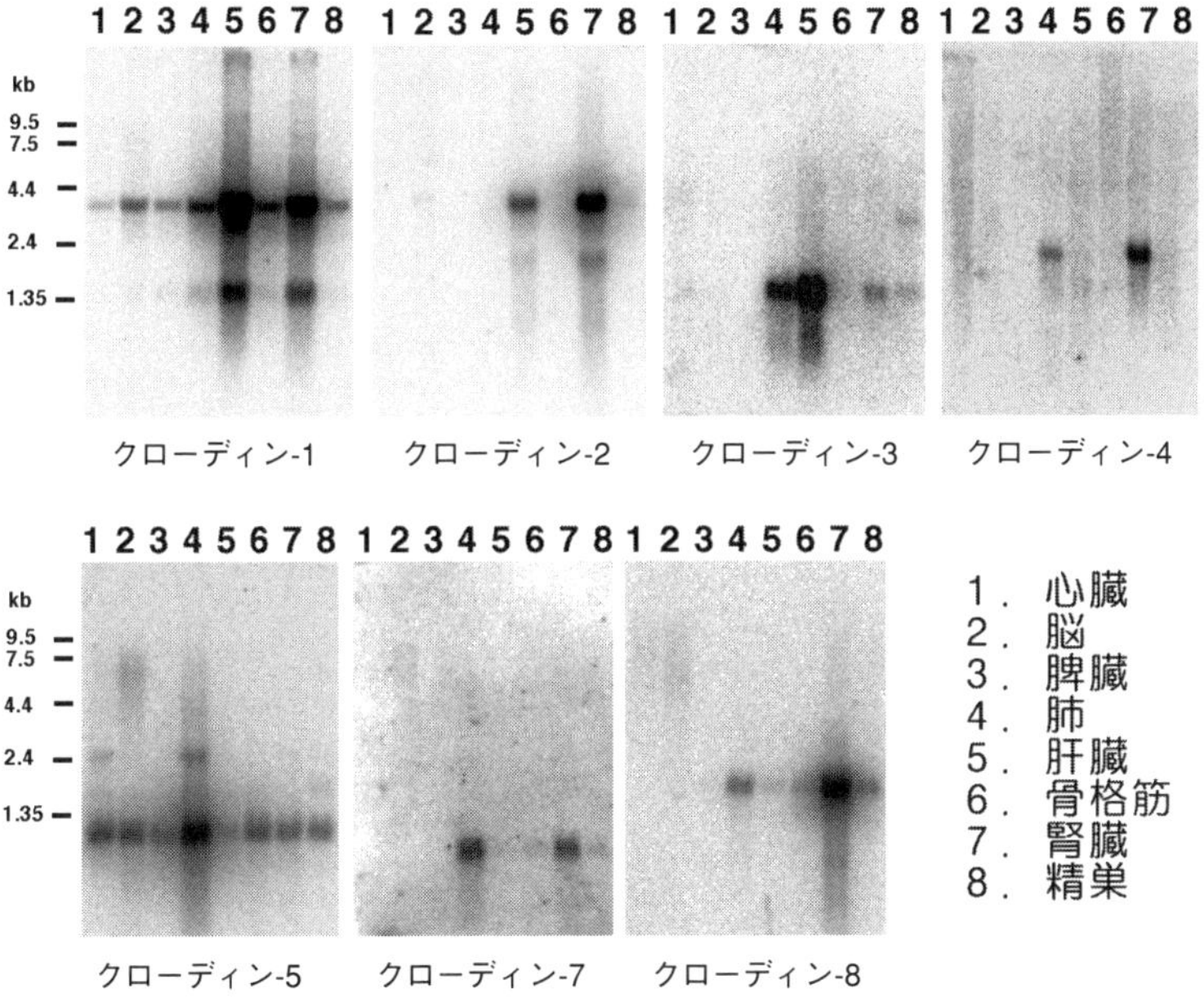

図９　ノザンブロットによるクローディン -1 ～ -8 の組織別発現
クローディン -6 の発現は成体のこれらの組織では検出できない（月田承一郎：生化学, 72 ： 155-162, 2002 より転載）

ローディン－1から－8までの各臓器における発現をノザンブロットにより調べたものですが、それぞれのクローディンが複雑な組み合わせで各臓器で発現しています。例えば、クローディン－1は比較的多くの臓器で発現していますが、特に肝臓と腎臓に多い。一方、いくつかの特殊な細胞は、特殊なクローディンを発現しています。例えば、図9に見られるようにクローディン－5は、脳、心筋、骨格筋といった上皮細胞を含まない臓器にも多く発現しています。このことから、このクローディンは血管の内皮細胞に発現しているのではないかと考えましたが、実際、特異抗体の作製および染色によりクローディン－5が血管特異的カドヘリンであるVEカドヘリンとともに、血管の内皮細胞間に濃縮していることが明らかになりました（図10）。もう一

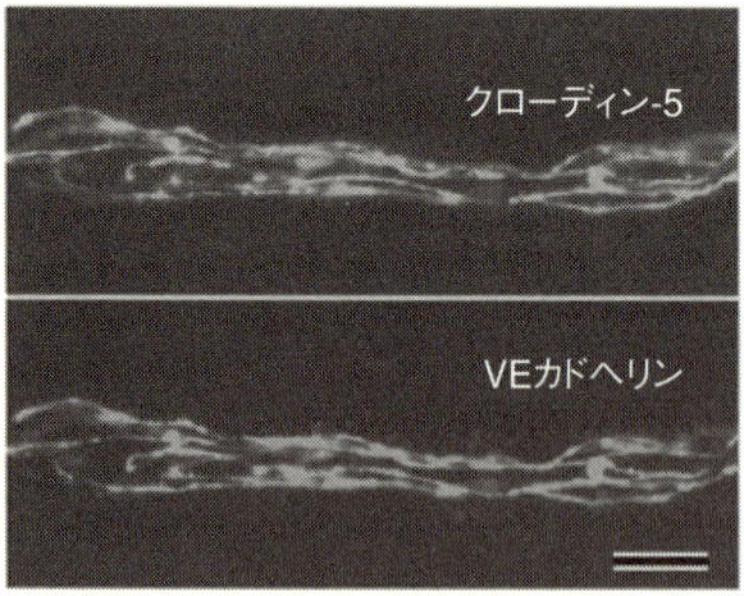

図 10　脳細動脈におけるクローディン –5 と VE カドヘリンの分布
ともに血管内皮細胞の細胞間に濃縮している。スケールバー： 10 μm（月田承一郎：生化学, 72 ： 155–162, 2002 より転載）

つの例として、クローディン－11が挙げられます。このクローディンは、ノザンブロットでは主に脳と精巣に発現していました。やはり特異抗体を用いた染色により、脳ではミエリンの細胞膜間の特殊なTJを、精巣ではセルトリ細胞間のよく発達したTJを構成していることが示されました。すなわち、このクローディンは、有髄神経における跳躍伝導や、精巣における血管精巣バリアーにとって重要な分子であることが示唆されたのです。医学への応用を考えても、もう、これはおもしろくてやめられない、というのが正直な感想でした。

一三、クローディンのその後

この短編では、ある未登頂の山に登った（それも競争を激しくしてではなく、楽しみながら、苦しみながら、そして「視力」を高めながら）僕たちの経験を、そして、興奮を若いこれからの研究者に伝えたかったので、クローディンおよびそのファミリーの発見以降の詳細については、述べるつもりはありません。少しは伝わったでしょうか。これから後の、クローディンストーリーには、もう、ニワトリのオクルディンからヒトのオクルディンへの移行時や、オクルディンからクローディンの移行時に経験したような大きな壁は存在しませんでした。むしろ、話がショウジョウバエや線虫にまで広がっていくなど、いわゆる、泥臭いサイエンスではなく、洗練されたサイエンスに脱皮してきたと思います。Molecular Biology of The Cell にもオクルディンやクローディンは取り上げられ、この凄い勢いで発展しつつある分子細胞生物学のバイブルのような教科書に名を残せたことは、本当に幸せに思っています。クローディン発見からその後の進展はすでにいくつかの総説に僕たちも含めて多くの研究者がまとめているので、それを追って読んでください。また、二〇〇四年まで国際会議でしゃべった「Barriology」と名付けた特別講演のライブCDを巻頭につけようと思っています。少々音質がわるいのですが、その後の進展を楽しんでいただけると思います。また、補遺として、重層扁平上皮と脳血管でのクローディンの役割についてのノックアウトマウスによる解析を中心とした最近の進歩を文末につけます。とはいっても、この進歩はすぐに古くさ

写真７　近影
女子大生に抱かれていた赤ん坊がこれだけ歳をとり、小さいけれど、少しはサイエンスに貢献できました

くなることと思いますが――。

これは個人的なことですが、僕は、去年から膵臓癌に罹患してしまい、余命幾ばくもないようです。丁度病気が分かる寸前に、五〇歳の時に、日本学士院賞をこの研究に対して頂きました。当時は面はゆかったのですが、今から思えば、よく頑張って、この山まで登ったな、という神のご褒美だったように思います（写真7）。もう一五年くらいは研究をしたかったのですが、これも運命であろうと諦めています。無念ですが。古瀬さんや多くの大学院生がこの「クローディン山」に陣取って、世界の多くの研究者とともに、さらなる発展を遂げてくれると思うし、また、僕らが「カドヘリン山」から「ＴＪ山」へ方向転換しようとした時、分団して「ＥＲＭ山」や今は「中心体山」、そして再び「カドヘリン山」へ向かいつつある月田早智子を中心とした強力な旅団も残っています。この二つの旅団が、さらに緊密な友好的な関係を保ちながら、さらなる新しい未登頂の山に足を踏み入れてくれること、そして、それを周りが出来る限りサポートしてくださることを、「あの世」からお願いしていることを記して、この簡単な「この世」での経験を記した小文を終わりたいと思います。

補遺

一、タイトジャンクションストランドの分子構築

二本のＴＪストランドが側面で対合することによりＴＪのキッシングポイントが形成されています。一方、Ｌ細胞にトランスフェクションする実験により、クローディンが線状に重合してＴＪストランドが形成されることが証明されています。複数の種類のクローディンが一つの細胞に共発現しているとなると、対合している二本のストランドの中にこれらのクローディンはどのように組み込まれているのでしょうか？問題が複雑になるので、補図1では二種類のクローディンが共発現している場合について考えてみましょう。まず、それぞれのストランドが同一のクローディンからなるホモポリマーであるケースと、二種類のクローディンが共重合して（ヘテロポリマー）一本のストランドを形成しているケースが考えられます。さらに、向かい合うストランドどうしが対合する際、同じクローディンどうしが接着するケース（ホモフィリックな接着）と、異なるクローディンどうしも接着できるケース（ヘテロフィリックな接着）が考えられます。これらをまとめると、単純にはＡからＤまでの四種類のモデルが考えられます。実際のＴＪでは、どのモデルが当てはまるのでしょうか？

肝臓の実質細胞では、少なくともクローディン-1、-2、-3の三種類のクローディンが共発現してます。電子顕微鏡レベルの抗体染色では、これらのクローディンが

ＴＪストランドに比較的均一に混ざり合っている、すなわち、ヘテロポリマーを形成しているようにみえます。実際、Ｌ細胞にこれらのクローディンのうち、任意の二種類を共発現させると、確かにヘテロポリマーを作ることが証明されました。もちろん、クローディン－１や－２を単独で発現させてもＴＪストランドが再構成されるので、ホモポリマーも作り得ます。そこで、次に、クローディン－１だけ、またはクローディン－２だけを発現させたＬ細胞（それぞれＣ１Ｌ細胞およびＣ２Ｌ細胞）を、クローディン－３だけを発現させたＬ細胞（Ｃ３Ｌ細胞）と混ぜて培養してみたところ、Ｃ１Ｌ／

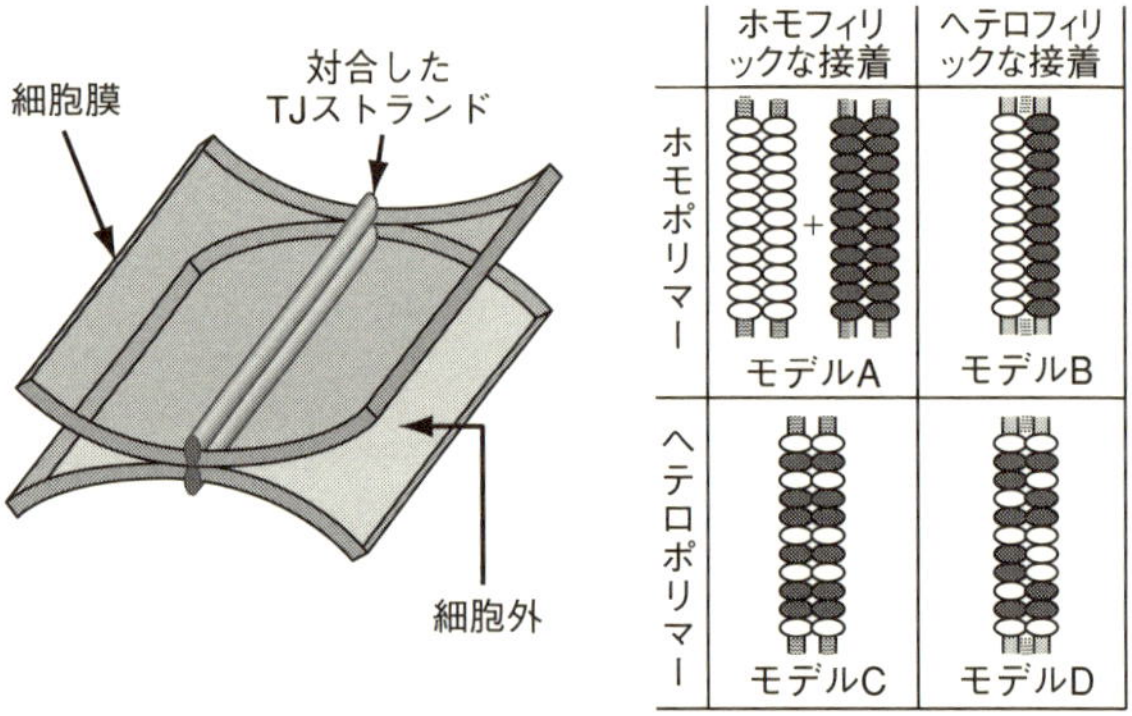

補図１　対合した TJ ストランドの分子構築モデル

TJ ストランドは左図のように対合した２本のストランドを常に形成する。その中での２種類の異なったクローディンの配置のされ方には、右図に示したような４種類のモデルが考えられる（詳細は本文参照）

C3L細胞間にもC2L／C3L細胞間にもよく発達したTJストランドネットワークが形成されました。すなわち、クローディン-1と-3、クローディン-2と-3は、それぞれヘテロフィリックに接着することにより対合したTJストランドを形成することができるのです。したがって、四つのモデルのうち、もっとも複雑なモデルDが実際のTJで起きていると結論されました。すなわち、「二種類以上のクローディンが共重合してヘテロポリマーであるTJストランドを形成し、向かい合う細胞膜中のストランドどうしがクローディン間のホモフィリックあるいはヘテロフィリックな接着により対合して、細胞膜間の距離をゼロにしているのが、TJである」と結論されたのです。ただし、実際にはオクルディンもこのTJストランドに組み込まれており、さらに複雑な分子構築が予想されます。どのようにこれらの蛋白質が配置されてTJストランドが形成されているかは今後の電子顕微鏡などを用いた構造解析を待たなければなりません。

二、単層上皮のバリアー機能とクローディン

TJストランドの基本構造がクローディンによって構成されていることは明らかになりましたが、それでは、このクローディンよりなるTJストランドが上皮細胞や内皮細胞シートのバリアー機能を実際に担っているのでしょうか？　あるクローディン

を上皮細胞に過剰発現させても、ＴＪストランドの数（ＴＪの発達具合）が、それぞれの上皮細胞で何らかの機構で規定されているらしく、ＴＪストランドの数が著しく増えてバリアー機能が極端に上昇することはないようです。一方、クローディンの発現を抑える方向の実験も、それぞれの上皮細胞に幾種類ものクローディンが発現しているために易しくないのですが、僕たちは、腸管感染性細菌の毒素を利用するというユニークな方法で、単層上皮細胞のバリアー機能とクローディンの関係を明瞭に示すことができました。

僕たちは、クローディン－1と－2に似た分子をデータベースから探した時に、腸管感染性細菌（*Clostridium perfringens*）のペプチド性毒素のレセプター（ＣＰＥ－Ｒ）も、クローディンファミリーの一員であるということに気付きました（現在ではクローディン－4と呼ばれています）。この毒素は、Ｃ末端半分でレセプターに結合し、Ｎ末端半分で細胞膜に穴をあけると考えられていたので、まず、Ｃ末端側半分に相当するペプチド（Ｃ－ＣＰＥ）を大腸菌で作製し、このペプチドが培養上皮細胞であるＭＤＣＫ細胞のバリアー機能にどのような影響を与えるかを調べました。ＭＤＣＫ細胞には、おもに、クローディン－1と－4が発現していましたが、Ｃ－ＣＰＥはクローディン－1には結合せず、クローディン－4だけに結合することが確認されました。興味深いことに、ＭＤＣＫ細胞をＣ－ＣＰＥ存在下で培養すると、一時間以内にその

TJからクローディン－4のみが選択的に消え始め、四時間位でクローディン－1のみからなるTJに変化しました。これに平行して、電気抵抗として測定されるバリアー機能は極端に低下しました。この時、TJストランドは、C－CPEの存在下で、急速に溶けたように壊れ始め、最終的にストランドの数が半分以下に減ることが分かりました（補図2）。このペプチドを洗い流すと、再びクローディン－4がTJに濃縮し始め、バリアー機能も回復しました。以上の結果は、クローディンがTJストランドを形成することにより、上皮細胞や内皮細胞シートの

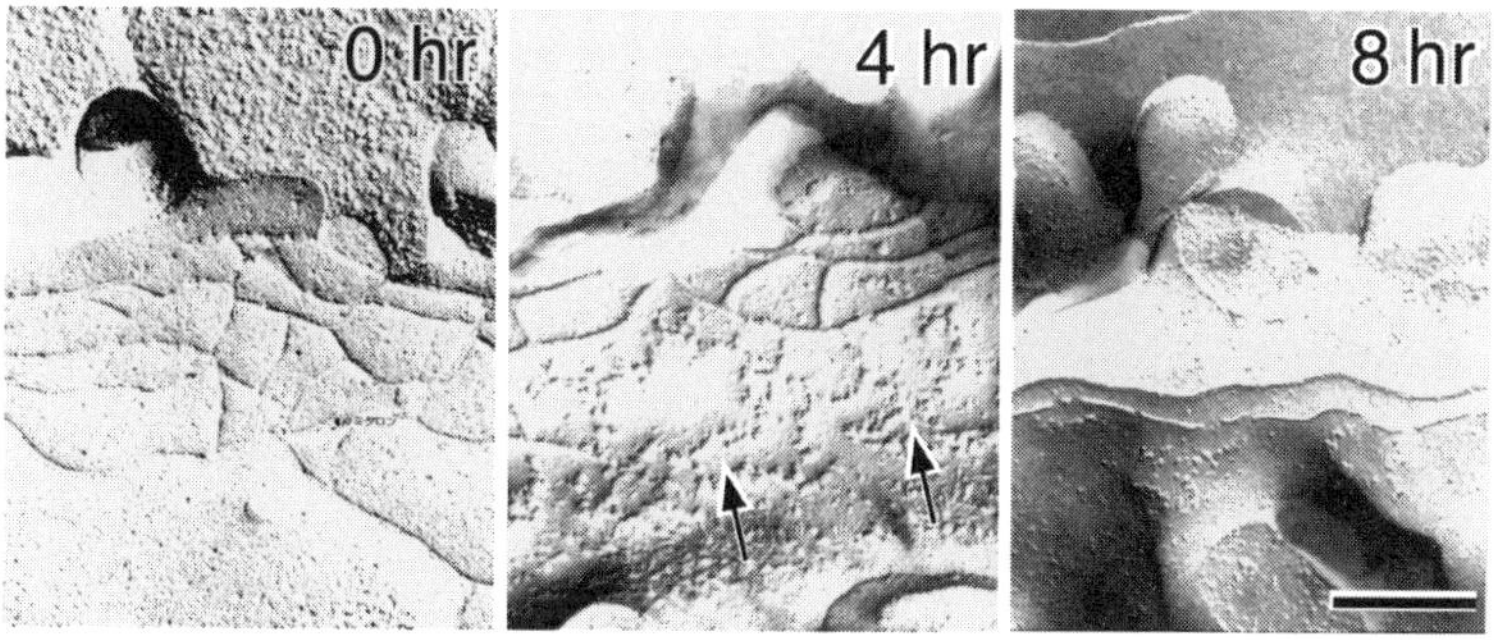

補図2　C-CPE 毒素断片の MDCK 細胞の TJ に対する効果（凍結割断レプリカ像）

C-CPE で MDCK 細胞を処理すると、クローディン -4 が TJ から除かれ、バリアー機能が抑制されるのと平行して、TJ ストランドが溶け始め（4hr：矢印）、処理前（0hr）と較べると数が半分以下になる（8hr）。詳細は本文参照。スケールバー：20nm（月田承一郎：生化学, 72：155-162, 2002 より転載）

バリアー機能を直接担っていることを初めて示したものです。

一方で、異なるクローディン間でヘテロフィリックな接着ができると述べましたが、これは単純化しすぎていることも分かってきました。上述したようにC1L細胞とC3L細胞の間、またはC2L細胞とC3L細胞の間にはヘテロフィリックな接着により立派なTJが形成されますが、C1L細胞とC2L細胞を混合培養しても、その間にはTJストランドが形成されないのです。すなわち、クローディンの組み合わせによって、その接着強度に明らかな差があるようにみえるのです。そのようなことを前提にして、モデルDを眺めてみると、このTJという構造はなかなか複雑なシステムであるということに気付きます。例えば、クローディン-1とクローディン-3でモデルDのような対合する二本のストランドを形成している場合と、クローディン-1とクローディン-2で形成している場合を考えてみましょう（補図3）。前者ではクローディン-1と-3のヘテロポリマーが対合するので、クローディン-1どうしおよびクローディン-3どうしのホモフィリックな接着と、クローディン-1とクローディン-3のヘテロフィリックな接着が混在しますが、いずれも比較的強く接着します。しかし、後者では、クローディン-1どうしおよびクローディン-2どうしのホモフィリックな接着は強いけれど、強制的に向かい合わされたクローディン-1とクローディン-2は強くは接着できません。したがって、前者のTJの方が後者より強いバリアー機能を示すことが期待できます。

僕たちは、ぞれぞれ単独でもTJストランドを形成できる二四種類ものクローディンが存在する意味は、このようなところにあるのではないだろうか、と考えるようになりました。すなわち、そのTJに含まれるクローディンの種類と混合の割合によって、対合するTJストランド間に作る〝穴〟の数と性質を変えて、TJのバリアー機能を巧みに調節しているという仮説です。実際、最近、上述の

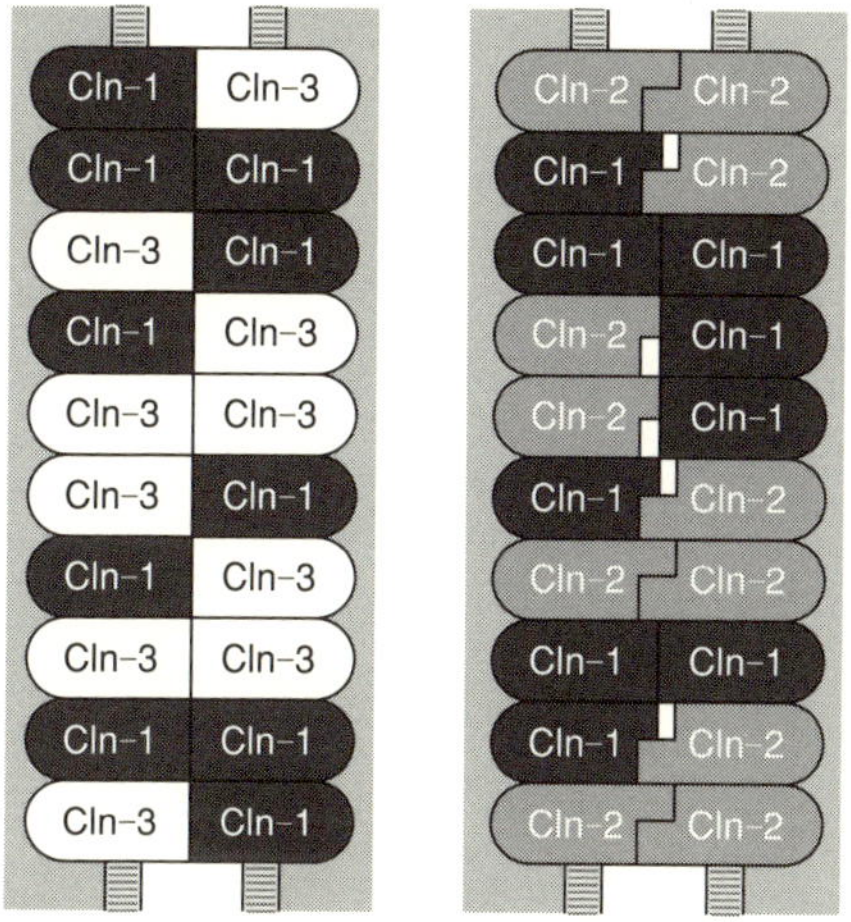

補図 3　paracellular channel の形成機構に関するモデル
クローディン -1 と -3（左図）、およびクローディン -1 と -2（右図）からなる対合した2本の TJ ストランドの模式図。クローディン -1 と -2 だけは、強く接着できないので、その間には“穴”ができる（右図）。詳細は本文参照

クローディン-1と-4からTJストランドを作っているMDCK細胞に、クローディン-1に接着しにくいクローディン-2を強制発現してみました。そうすると、クローディンを新たに発現したにもかかわらず、MDCK細胞のバリアー機能は極端に低下することが見出されました。すなわち、クローディン-2を強制的にTJストランドに挿入すると、もともとあるクローディン-1との間で多くの〝穴〟を作ると考えられるのです。

このような仮説によく合致する事実が、最近、常染色体劣性遺伝形式をとる低マグネシウム血症の原因遺伝子の解析から、アメリカのグループによって明らかにされました。マグネシウムイオンは、腎臓の糸球体で一旦濾過され、尿中に出た後で、その大部分がヘンレの上行脚で再吸収されるのですが、これらの家系の患者では、この再吸収がほとんど行われない。そのため、血中のマグネシウムイオン濃度が低下するという遺伝病なのです。マグネシウムイオンの再吸収は、上行脚の上皮において、transcellular pathway ではなく、大部分が paracellular pathway を介する受動的な輸送によって担われていることが知られていました。その原因遺伝子がポジショナルクローニング法により同定され、その遺伝子産物のアミノ酸配列が推定されてみると、驚いたことにクローディン-16そのものでした。このクローディンは、ヘンレの上行脚だけに発現している特殊なクローディンで、その発現がなくなると（または機能が抑制されると）paracellular pathway を介したマグネシウムイオンの輸送が阻害されることから、このクローディンがＴＪストランドの中で、マグネシウムイオンを比較的選択的に通すチャネル（穴）を形成していると考えられました。どのようにしてこのクローディンがチャネルを形成するかは今後の問題ですが、上述したように、もし、このクローディンがヘンレの上行脚の上皮細胞に発現している他のクローディンとヘテロフィリックな接着をする上で相性が悪いと仮定すると、対合する二本のＴＪストランド間にクローディン‐16とその相性の悪いクローディンとによって〝穴〟が作られ、そこをマグネシウムイオンが通ることは容易に想像できます。しかしながら、実際には問題はもっと複雑で、相性の良いクローディン同士が会合した場合でも、クローディンの種類によってはチャネルが形成されると考えることもできます。いずれにしても、このような発見により、古くからその存在が予想されていた paracellular channel の実体が、クローディンそのものであることが明らかになってきたのです。

三、重層上皮のバリアー機能とクローディン

これまでの議論は、一層の細胞からなる単層上皮に絞って行ってきました。しかし、実際には、多層の細胞からなる「重層上皮」も、多細胞生物の体を外界から隔離し、また、体の中に多くのコンパートメントを作るために重要な役割を果たしています。

特に、体の表面の大部分を覆う表皮は、典型的な重層扁平上皮であり、そのバリアー機能は我々の生存にとって必要不可欠なものです。補図4に、表皮の構造の模式図を示しましたが、一般に表皮は、真皮側から、基底層、有棘層、顆粒層、角質層の四層からなるとされています。これまで重層上皮にはTJは存在せず、そのバリアー機能の多くは、死んだ細胞からなる角質層によって担われていると広く信じられてきました。僕たちは、ノックアウトマウスの解析から、ごく最近、この従来の考え方を根本から覆すこととなりました。

僕たちは、個体レベルにおけるクローディンの機能を調べるために、最近いくつかのクローディン遺伝子を破壊したマウスの作製を始めました。最初に得られたクローディ

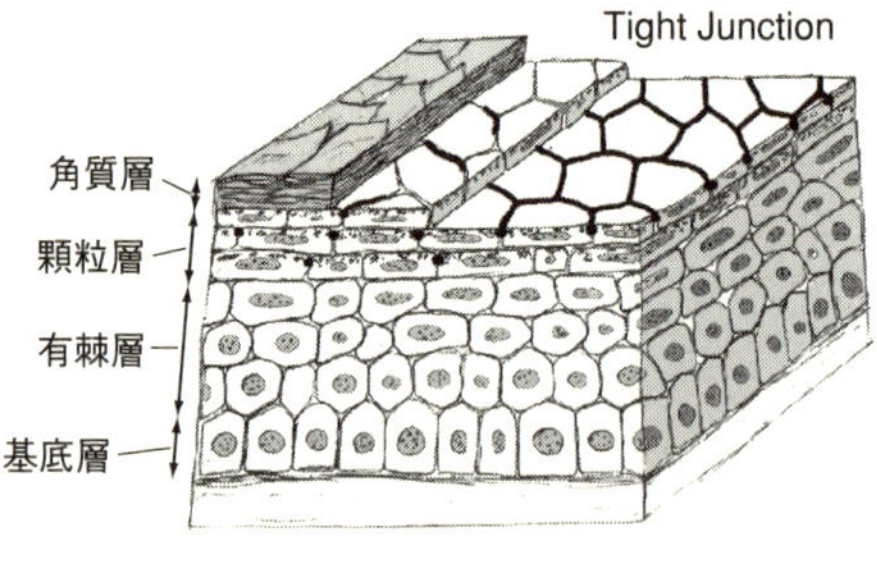

補図4　表皮重層扁平上皮の構造
基底層、有棘層、顆粒層、角質層よりなる。従来、表皮には TJ がなく、そのバリアーは角質層が担っていると信じられてきたが、本研究により、顆粒層に存在する連続した TJ がバリアーの本体であることが示された（Tsukita, Sh. & Furuse, M.： Curr, Opin. Cell Biol., 14 ： 531-536, 2002 より転載）

ン－1ノックアウトマウスは、一見正常に生まれてきましたが、二四時間以内に皮膚からの水分の蒸散量が異常に多いために脱水に陥り、すべてが死んでいきました。そこで、表皮にはＴＪが存在しないというこれまでの教科書的な記載が間違っているのではないかと考え、詳細な検討を行いました。その結果、予想通り、重層上皮である表皮でも顆粒層に連続したＴＪが存在し、このＴＪはクローディン－1と－4から出来ていることが明らかになりました（補図4）。クローディン－1ノックアウトマウスの表皮でも、クローディン－4からなるＴＪは連続して顆粒層に存在していました。皮下に注射したトレーサーが正常な皮膚ではＴＪより体表面側に漏れないのに対して、クローディン－1を欠損した皮膚では明らかに漏れることが分かりました。

以上の結果は、ＴＪ、特に、クローディンが、単層上皮だけでなく、重層上皮のバリアーにおいても中心的役割を果たしていることを初めて示したという点で画期的であり、皮膚科学をはじめとする医学生物学に大きな影響を与えつつあります。

四、血管内皮のバリアー機能とクローディン

血管は我々の体の中の重要なコンパートメントの一つで、単層の内皮細胞によって仕切られています。したがって、単層上皮細胞シートと同様に、内皮細胞間にも連続したＴＪが存在し重要な役割を果たしています。特に、中枢神経系の血管ではこのＴＪ

がよく発達しており、血液と脳や脊髄の実質との間に高いバリアーを形成しています。このバリアーは、昔から、血液脳関門（blood-brain barrier：BBB）と呼ばれ、血中を流れる種々の有害物質から神経細胞を守っていると考えられてきました。クローディンを発見した当初から、僕たちはこの中枢神経の血管のＴＪに興味を持ち、上述したように、まず、クローディン－５がその主要な構成成分であることを見出しました。そして最近、クローディン－５のノックアウトマウスの作製に成功し、ＢＢＢに関してきわめて興味深い結果を得つつあります。

クローディン－５ノックアウトマウスは、メンデルの法則にしたがって生まれますが、生後一〇時間以内に徐々に元気がなくなり、すべてが死亡します。しかし、脳血管の発生・形態には異常はありません。そこでこの脳血管内皮細胞のＴＪの透過性を検討するために、生まれたマウスの心臓から分子量約六〇〇ダルトンのトレーサーを還流し、脳実質への進入を調べました。正常マウスの中枢神経系ではトレーサーは常に血管の中にとどまりましたが、クローディン－５ノックアウトマウスでは、還流後五分で既にトレーサーは血管の外に漏れ出していました（補図5）。しかし、きわめて興味深いことに、このＢＢＢの破綻は、分子量一、〇〇〇ダルトン以下の物質だけに対して観察され、高分子量物質に対するＢＢＢは正常でした。すなわち、クローディン－５を欠いたＴＪは、低分子量物質だけを通す「分子篩」のような働きをしていることが明らかになりました。

　このような分子量依存性のＢＢＢの破壊は、当然、出血や浮腫を引き起こしません。したがって、もし、人間でも脳血管のクローディン－５の機能を人為的に一時的に抑えることができれば、低分子量物質に対するＢＢＢを選択的に破壊することができることになります。種々の中枢神経系疾患に有効とされる化学物質の九割以上がＢＢＢを越えられないために実用

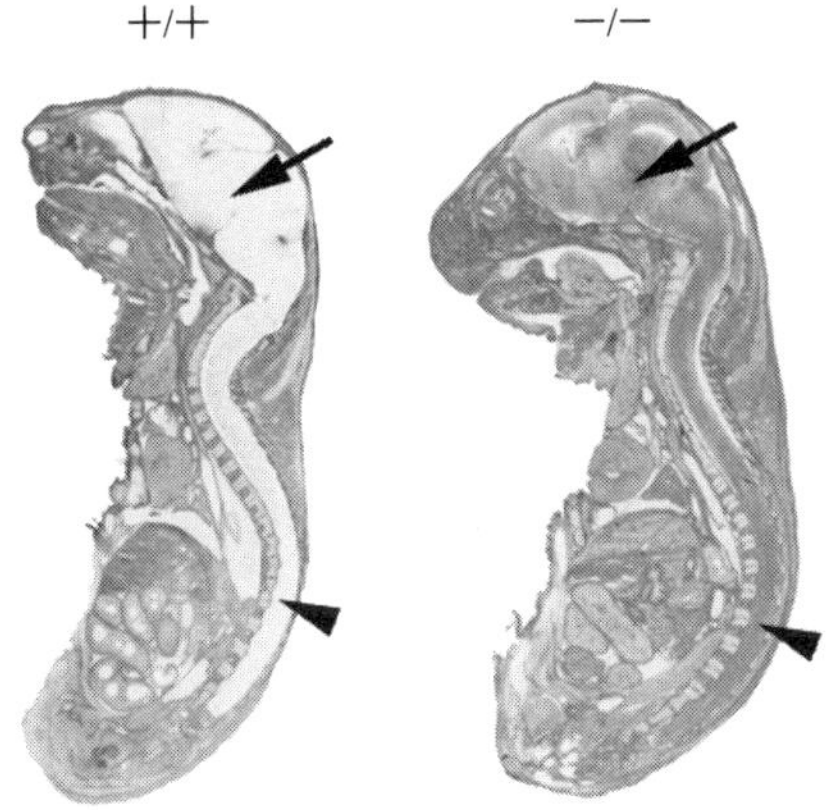

補図５　クローディン -5 ノックアウトマウスを用いたトレーサー実験
生後直後の正常マウス（＋/＋）とノックアウトマウス（－/－）の心臓からビオチントレーサーを還流し、５分後に図のような全身の凍結切片を作った。ビオチンの分布をアビジン・ HRP を用いて黒色の発色で示している。BBB のために正常マウスでは脳（矢印）や脊髄（矢尻）からはビオチンが排除されているが、ノックアウトマウスではその BBB が破壊されている（Nitta, T. et al.： J. Cell Biol., 161 ： 653-660, 2003 より転載）

化できないでいる現状を考えると、この方向の研究の発展によって、全く新しい中枢神経系へのドラッグデリバリー法の開発が可能になるかもしれません。

五、これから

さて、この僕のかかわれる「小さな小さなクローディン発見物語」もいよいよ終わりです。これからどのような発展があるのでしょう。今となっては、それを見届けることができないので、淋しい気持ちもあるのですが、致し方ありません。今、僕たちの研究室では、クローディンに関して二つほどおもしろい発展がみられています。

ひとつは、上皮細胞シートといっても、常に二つの細胞が接しているわけではなくて、三つの細胞が接している点（tricellular contact）が沢山あります。そこが漏れてしまっては、上皮細胞のバリアー機能は果たせないわけです。これまで、この tricellular contact に局在する蛋白質、特に、膜蛋白質は全く分かっていなかったのですが、ごく最近、大学院生の池ノ内さんが一部オクルディンに似た四回膜貫通蛋白質が特異的に局在していることをみつけました。彼は、これをトリセルリンと名付けています。このトリセルリンをＲＮＡ干渉法で発現抑制させてやると、驚いたことに tricellular contact のＴＪだけでなく、一般のＴＪまで乱れて、上皮のバリアー機能は著しく低下します。将来性のある結果です。ＴＪそのものがどのようにしてオーガナイズされているのか、それが tricellular contact とどのように関係するのか、これからの若手に期待します。

もう一つは、ＴＪストランドはクローディンが重合してできるのですが、この重合に裏打ち蛋白質が必須なのではないかという点です。最近、ポストドクトラルフェローの梅田さんが、ＴＪの主な裏打ち蛋白質であるＺＯ－１、－２、－３を欠く培養上皮細胞を作製することに成功しました。おもしろいことに、この細胞は一見立派な上皮細胞ですし、極性形成も全く正常に見えます。ところが、ＴＪがないのです。すなわち、この条件下では、クローディンが重合することができないのです。この細胞を用いてさらなる詳細な解析が進行中ですが、細胞のどこにＴＪストランドを作ってバリアー機能を発揮するか、といった根本的問題にも迫る準備が着々と進んできているということです。

さて、紙面が尽きてきました。時間も尽きてきました。尽きたさんの「小さな小さなクローディン発見物語」そして、短かったような長かったような研究生活を終わりにしましょう。さようなら。お元気で。

謝辞

もちろん、僕を生んで育ててくれた両親（月田潔・道子）には、言葉に言い表せない感謝の気持ちでいっぱいです。ちょっと先に天国に逝ってしまった親父と酒を酌み交わしたいと思います。また、僕と三〇年近く、研究や私生活において、楽しみ、苦しみ、戦ってきた家内（月田早智子）、最後の一七年間を本当に充実したものにしてくれた息子（和人）にも、感謝の言葉もありません。先立つ申し訳なさで一杯です。家内の研究環境が場所も含めてどのくらい保たれるのかが一番心配です。

そして、僕は、この「小さな小さなクローディン発見物語」に行き着くために、数え切れない師や友人のお世話になりました。古瀬幹夫さんは特別としても、多すぎてお一人お一人のお名前を挙げることができません。お許しください。本当に有り難うございました。あと一五年くらい、これらの方々、また、すこしでも日本の科学界に恩返しをしようと思っていたのですが、それも叶いません。無念です。大変申し訳なく思っています。そして、みなさん、有り難うございました。

おわりに

月田早智子

　この物語では、同志であり、夫でもある月田承一郎が自分なりの信念にそった研究に対する姿勢について、クローディンに託して描いているような気がします。クローディン発見の過程は感動的で、刺激的でもあり、自分が研究上求めてきたものに近いと語っておりました。山場が過ぎてみるとあのような感動をもう一度、さらに強い感動をという気持ちが強く、研究上それが楽しみだし、同時に苦しみでもあるとよく申しておりました。それほどの感動があったわけで、以前からこのような本の執筆を考えていたようでしたが、病気のためもう長くは生きられないと悟ったことが、執筆を実行に移すきっかけになったようです。自分が作りあげてきたものが何とか少しでも理解されて引き継がれてさらに発展することがあれば、この上ない喜びではあるけれども、そうでなくとも、何らかのメッセージを感じとってもらえれば、という願いを込めていると思います。

承一郎は、膵臓癌がわかりましてから、一年二ケ月の闘病生活を送っておりました。病気の状況を知ったとき、承一郎は治療をしないことを考えたようですが、周囲の説得で化学療法を行うことにいたしました。私どもは、わずかな治る可能性を信じて何とか頑張ろうと思っていたのですが、本人はもっと冷静に病気について解釈していたように思います。そして、化学療法の副作用に苦しみながら、家族や自分に関わってくれている人のためにできるだけ頑張ってみようと考えていたように思います。周囲のご理解には承一郎ともども感謝していたのですが、おかげさまで、自宅と大学の日常生活を大切にすることができ、この間研究室からは五報を越える立派な論文もでました。亡くなる一週間前には、数人で次の論文についての議論をし、六日前の休日は外食にいったという具合でした。そして、亡くなる四日前に大学にでて、それから、急に病気が進んでしまってという感じで、自宅で最後の時をむかえました。その間、このような状態の自分に、いろいろな方から手をさしのべていただいたことに深く感動していました。その感動で、承一郎が最期まで自分なりの思考を失わずに生活できたのではないかと思っております。そして、子供と私にも生きる勇気を与えてくれているような気がします。承一郎の最後のころの言葉です。「いい人生を送れてありがとう。ただもう少し生きていたかった」

承一郎は、治療をはじめて一年になったときに、病気がすすんでしまって、「治療をやめることを許してほしい」と言いだしました。自分の思考を最後まで保ちたいためということだったのですが、このとき、子供と私は悲しくて悲しくて、それでいいとは言えませんでした。何回も何回も話し合い、理解してほしいと押し切られたというのが正直なところです。私どもは、「先に逝ってしまうことを許してほしい」という承一郎の言葉に、「悪いけどそれだけは許せない」と答えながら、まともには顔をみられませんでした。そのような状況下で、この〝物語〟の執筆をはじめたように思います。「しんどい」と言いながら、書ける時をみつけては書き、二週間くらいで書き上げたでしょうか。そのあと、信頼する古瀬さんと私にその原稿を預けました。従って、言い過ぎていること、言い足りないこと、勘違いしていること、情緒に流されていることなどが多々あると思いますが、その辺は大目にみていただけると幸いです。

承一郎が研究についてよく言っていたことは、研究は芸術と同じだと。そして、感性の同じ人に出会えたとき、研究は発展し、楽しめると、言っておりました。その様子は物語にも書いてありますが、一＋一が五あるいは一〇にもなるような出会いを楽しんでいたと思います。一方で研究室にいろいろな人がいることは大切なことだと、アカデミズムは共有するものだ、とも申しておりました。また、承一郎は一日二四時間研究のことを考えられないと自分で研究に満足できない、とも言っておりました。これは極端な言い方ですが、一方で家族や仲間などとの生活も大切にしつつ、その中でも研究のことも考えているということだったのかもしれません。自分らしさを研究の上でも生活スタイルの上でも非常に大事にして、何事においても自分の意見をもっていました。そのためか研究室運営は、時流に逆らったような面がありましたが、オリジナリティーを重視するという哲学はゆるぎないものだったと思います。

私は承一郎とは三〇年近く一緒に研究を続けてきました。同志であるとこの物語にはありますが、最近仲間が増えてきてからは、それぞれに少し違う方向を模索しつつも、話の絶えたことはありませんでした。病気になってからは、特に共有する時間も長かったのですが、そのような中でも、承一郎は研究に夢をもつことは忘れずにいたような気がします。その夢の話をするときだけは、瞬間に病気を忘れることがある、とも申しておりました。いま、承一郎が予想もしない早い時期に逝ってしまったことで、何ともいえない大きな悲しみと戸惑いを感じています。その中で承一郎が何回も何回も、残っている全身の力で、「できるだけ早く立ち直り、協力を得て、どうにか思い描いた夢を少しでも継承し発展させてほしい」「何のために自分はこの一年間苦しい中で頑張ってきたのですか」と生きていけない自分の心からのお願いとして言っていたことが思いだされます。承一郎の言葉に少しでも報いられるように、承一郎を少しでも安心させられるように、頑張っていきたいという気持ちでおります。ここまで培ってきた研究の将来が、最愛の子供の将来がみたいといっていた承一郎に報告をすることも義務のように感じております。

これまで、いろいろな方々にお世話になって、ここまで研究を進めてこられたことに、承一郎ともどども、この場をかりて御礼申し上げたく思います。承一郎がこれから恩返しをしていきたいと言っていた言葉が思い出されます。

最後に、ご縁のありました羊土社の一戸裕子編集部長をはじめ、山下志乃舞さんやスタッフの方々のご協力を得、本書の出版を実現できましたことに、厚く御礼申し上げることで、おわりの言葉にかえさせていただきたいと思います。

二〇〇六年一月一一日

若い研究者へ遺すメッセージ
小さな小さなクローディン発見物語

2006年2月15日　第1刷発行
2024年7月 1日　第5刷発行

著　者　月田承一郎

発行人　一戸裕子
発行所　株式会社　羊　土　社
〒101-0052
東京都千代田区神田小川町2-5-1
TEL　03（5282）1211
FAX　03（5282）1212
E-mail　eigyo@yodosha.co.jp
URL　www.yodosha.co.jp/

ISBN978-4-89706-850-3
印刷所　株式会社 平河工業社